謝謝，
讓我照顧你

從陪病相守、生離死別中，學會放下與轉念

梁玉明——著

目次

第三章

相互成全

•

一趟覺醒之旅

小感悟

第一章

第二章

第三章

〔自序〕

相互成全過一生

回顧我近十年所遭遇的事情，若以世俗的眼光來看幾乎都是災難。女兒的腦瘤後遺症，讓她有志難伸；母親中風失能，輾轉床榻四年有餘；先生又罹患了血癌。但是從靈性的角度去看，卻是一場又一場難得的歷練，彷彿都是來成就我的善因緣。我只要學習真誠地接納，不要抵抗、不要反駁，內在空間就會慢慢地呈現出來，讓我可以迴旋自如。累積下如此豐富多樣的轉圜路徑，行走人間自是通暢無阻。我再把這些寶貴的經歷分享出來，有緣之人自然心領神會，也能藉以排解憂慮、滋養心靈，豈不是美事一樁？這就是本書第一章：〈福杯滿溢〉的用意所在了。誰家沒有病苦的長輩需要照顧？誰家沒有陪病的晚輩需要慰藉？再沒有比這樣的畫面更尋常的了。重點是要將「因緣善了」、「吃苦如吃補」的信念建立起來，才能在臨淵履薄的當下，依然層層提升、收穫滿盈。

信念就像一張濾網，你的能量在運作之前，都會先被它過濾一番。負面的網就會產生恐懼、焦慮、擔憂等情緒，使你的能量一點一滴消耗掉。有時候擔憂也不是壞事，它可以讓潛意識裡的隱患浮現出來，但你也要懂得去挖掘、去釐清深層的原因。好比說「我為何擔憂啊？」必須靜下來才會有答案，因為答案也藏在潛意識裡。記得在先生的病榻前，我就自問自答說：「妳怕他一病不起嗎？」不會！我正好體驗一下當看護的滋味。「妳怕他突然走掉嗎？」不會！我可以試著扮演寡婦的角色。這樣妳還有什麼好憂慮的呢？於是將憂慮從潛意識中連根拔除，換上無所畏懼的種子，正確的信念就慢慢建立起來了。

生活中難免有些心領神會的感悟，我不想讓它一閃而過，就花點時間把它記錄下來。好比我母過世之後，我感覺到她好像加入了我的靈魂群組，憂傷立刻化為了振奮。先生罹癌之後，竟然展現出幸福洋溢的樣貌，也讓我內心深深地觸動。原來人與人的緣分，都是自己預約來的，你沒有理由抗拒呀！這樣的一個轉念，當下就感覺非常的療癒。原來「家大業大」還有另外一種詮釋，就是你繼承的家產越多，你承擔家族的業力也越大。這麼一來，遺產官司還要繼續打下去嗎？凡此種種，都是人生道路上的層層關卡，考驗著每個人的通關能力。祇要一個關口被卡住，就是剪不斷的煩惱重重。一旦取得了通關密語，就會一路順暢無比地走下去。在理解的過程當中，我覺察到有一股無形的愛在流動，讓每一個轉折處，都像上了蠟似的自然滑順，沒有絲毫的自我內耗或曲折困頓。我既然掌握了幾個通關的密語，有了真實的體驗，自然是要分享出來的。第二章〈真愛無價〉，大抵就是這樣的內容所組成。

管理大師曾說過一個指標，意思是：把你喜愛的事物、擅長的工具、以及社會認同的範疇，各畫一個貼近的圓，讓它們重疊在一起形成交集。三個圓的交匯處，就是你正確的、可以全力以赴的方向了。兩個圓的交匯還不太理想，會有失敗、耗竭、破產的危機。好比說：做你不擅長的事物，會以失敗告終；做你不喜愛的工作，會讓心力耗竭；做不受社會認同的範疇，會不斷燒錢直到破產。而我現在所做的，正好是三個圓的交匯。我每天寫日記，數十年如一日，文字原本就是我喜愛又擅長的工具，而我所寫的作品，被文友們稱作是心靈雞湯，也受到大眾的認同。那就應當開懷地、盡情地去做呀！

女兒是個非常難纏的基督徒，但在我的接納與善解之下，慢慢開了竅，不但已經從我的負債變成了資產，還在許多地方啟發著我。所以我認為，基督教所謂的「相互成全」是有道理的，對方的不足之處，顯化在你的面前，你去修補它、圓滿它。在修補、圓滿的過程中，你有付出就有學習，有學習就有領悟。久而久之，自己的境界也往前跨了一大步。佛教所說的「相欠債」，大致也是這個意思，只是換一個方向來說，最終是殊途同歸的。如果你把有緣的親人擱在一邊，只顧經營自己的安樂窩，心靈境界毫無提升，鎮日奔忙於積攢財富，臨命終時發現一樣也帶不走，豈不被悵然若失、悔不當初的烏雲當頭籠罩？這就構成了第三章：〈相互成全〉的內容。

有位心靈大師曾說：「了悟是一件很簡單的事，只要在死亡的前三分鐘，我過來幫助你一下，就能達到了。但若要在了悟的同時，又能保留住身體，維持身體的運作，就比較困難了。」所以修行不能等臨死前了悟，而是要在活著的時候不斷實修、不斷操練，熟習每一條轉化的路徑。換言之，就是拿到什麼素材，就用什麼素材來演練，因為那就是你今生的功課，經過大宇宙系統的因果輪轉，才跋山涉水地出現在你的面前。演練到最終，你會帶著心靈成熟的能量場，行走於五花八門的大千世界，活生生走出了頭腦為你編織的故事，將你滿溢的福杯，遍灑在廣袤的大地之上，那該是多麼溫馨又感人的畫面啊！

第一章

福杯滿溢

從磨練中收穫成長

留下來照顧年邁的父母，是我情感與理智的綜合選擇，
雖然這個選擇以親情為基調，
但主旋律中有「隨順因緣」的實際操練，
也有「修行成道」的終極意涵……

化了妝的祝福

當母女二人四目相對時，彷彿時間有幾秒鐘的靜止，彼此都可以輕易感受到，心裡有一股寧靜升起。

我刻意早起為母親煮鹹稀飯，因為昨天早餐的蘿蔔瘦肉粥，母親吃得津津有味，眼中流露出欣喜的光彩，拿湯匙的左手，也顯得更靈活了些。想起母親中風、在醫院搶救的一幕幕景象，我忍不住溼潤了眼眶，感謝老天讓我在母親遲暮之年，還有陪伴、服侍的機會。

左手拿著冰冷的蘿蔔，感覺有一點吃力，那是因為初學乍練、充當母親的看護，手腕關節用力不當所致，估計暫時無法再拿重物，卻沒想到連一個兩斤重的蘿蔔，都成了我當下的考驗。

先生得知我的難處，就把粗重活兒都接過去做，我只要把母親的藥弄清楚、三餐張羅出來，讓爸爸臉色好看一點就行了。於是好幾個禮拜都是先生陪著去復健，讓復康巴士的司機大哥十分驚豔，奔相走告：「有一位臺北下來的女婿，非常了不起，對岳母好得不得了，簡直太少見了！」我輾轉聽聞幾次之後，好奇地問先生說：「你這個傻女婿，要在復健診所揚名立萬啦？好像每個人都認識你、都不住地誇獎你喔！」

「那就找機會競選復健診所主任好了！」先生開玩笑地說：「奇怪！跟這些來復健的人，特別容易打成一片。還有陪伴的家屬、復康巴士的司機，多見上幾次面、聊上幾回，就很有親切感，大概有點同病相憐吧！人家對我們真誠，我當然也是有問有答，用真誠回應他們呀！」

「都在誇獎你喔！」

「這算不了什麼啦！」先生說：「退休的女婿來照顧一下岳母，是盡本分而已，不值得誇獎啦！況且我抱著媽媽，感覺也滿幸福的！」的確！我在同儕之間是被羨慕的，當我在電話裡對朋友說：「不能再跟你聊了，我媽在叫我了。」朋友都說我的聲音裡，洋溢著幸福的滋味。先生說豈止幸福而已？這幾個字聽在他的耳中，有一種既渴慕又心酸，乃至泫然欲泣的感覺，因為他的母親、我的婆婆已經過世多年，想要再聽一聽慈母的叫喚，也只有在睡夢裡了！

我不否認照顧病中母親的辛勞，但時時活在警醒中的感受，也為我帶來前所未有的體悟。記得有一天晚上，母親因為便祕，多吃了兩粒軟便藥，半夜陸續排了三次便，我用熱毛巾幫她處理乾淨，才剛包上新的紙尿褲，她忍不住又拉稀了。雖然母親言語有困難，但她用表情、手勢充分表達了心中的無奈，以及對我的抱歉。

我安慰她說：「沒關係啦！拉出來總比留在肚子裡面好。我一面幫妳處理大便，想到妳的肚子裡清爽了，就覺得慶幸感恩，一點都沒有不耐煩呢！」為了消除母親的內疚感，我刻意在母親的屁股上親了一口，笑說：「再沒有人比我更會清理大便了，瞧！乾淨到我都可以親妳的屁股了！」母親這才嗤嗤地笑出聲來，我也從與母親的肌膚相親中，獲得許多人生難忘的寶貴經歷，難怪高僧古德常說：「道在屎尿」，想想還真是有點道理！

我原本是回娘家過年團聚的，卻遇上妹妹病故、母親中風這樣席捲而來的風浪，將我北返的腳步拖住了。在母親住院治療期間，醫院傳來高燒不退、疑似肺部感染、要插管急救與否的大小浪頭，讓我們頓時陷入茫然的驚濤駭浪中。雖然母親曾經向我表示，能活到八十多歲，她很知足了，當初外婆找人幫她算命，還說她活不過十六歲呢！所以萬一得了重病的話，就讓她自然地過世，不要活受罪才好。但是爸爸說：「有機會活命的話，當然要試一試啊！讓醫生給她插管吧！」弟弟說：「插管沒有想像中那麼可怕啦！救回來之後再拔掉就好了啊！」我的急救經驗不足，也只能默然以對，衷心祈願母親能闖過這一關。幸好醫生說消炎針奏效，母親後來慢慢退燒了，躲過急救插管的一番折磨。

「妳這一病我才醒悟過來！」爸爸無限感慨地對母親說：「我以前嫌妳做的飯菜不好吃，真是身在福中不知福啊！現在吃了女兒做的飯菜，才知道以前是活在天堂裡，現在掉到地獄裡啦！」我對自己的廚藝頗有信心，哪有爸爸說的那麼糟糕！只是心思都放在母親身上，無法在菜色的搭配上多費心力，胡亂把冰箱裡的剩菜清一清，以填飽肚子為原則罷了！聽到爸爸在餐桌上，說出類似反省的話語，忍不住心中暗暗歡喜，為母親數十年來的沉冤得雪，感到全身舒暢！

先生、女兒不瞭解我的心理背景，還以為我會為爸爸的言語不開心呢！我毫不以為意地打趣說：「凡事都是比較出來的，等我哪天離開之後，他吃到口味不習慣的越南餐、印尼飯，才知道現在掉進的地獄，還只是第一層而已啦！」話聲剛剛落定，女兒已經笑得打跌了。

母親出院後，平靜地接受了一切，包括右側手腳的不聽使喚，以及語言表達上的障礙。每週一、三、五我們陪著她去針灸；星期二、四、六帶她去復健，在我不斷地鼓勵之下，她終於能夠拿著四腳助步器，邁出顫巍巍的步伐，讓我感覺所有的辛勞，都透露出幸福的成就感！

每天專注在母親的吃喝拉撒上，再也沒有其他妄想了，當母女二人四目相對時，彷彿時間有幾秒鐘的靜止，彼此都可以輕易感受到，心裡有一股寧靜升起。母親這時會摸著我的臉，用指頭梳理我的短髮，流露出慈愛的神色；我則用臉頰去觸碰她的臉，用孺慕、燦爛的笑容回應她。此情此景，令我感覺世界真是渺小，怎麼會被我和母親就塞滿了呢？

既然接下了這一齣家庭連續劇，場景肯定就是醫院、復健中心、臥室、廚房；配演的角色就是父親、母親、醫生、居家服務員、復康巴士司機等等。我每天重複的臺詞就是：「爸爸來吃飯吧！」「媽媽餓了嗎？要喝水嗎？要尿尿嗎？」

父親的臺詞多半是：「妳媽叫妳了！趕快來！」「聽聽妳媽講些什麼？」

母親自知失去了語言的能力，就自創一些手語來溝通，難免讓人猜得牛頭不對馬嘴，自己還懊惱得半死！有一回氣惱不過，就哭著發脾氣表示不想活了！我為了安撫母親，只好佯裝答應成全她，但是要母親等待機會，因為尋死也不是一時半刻可以成功的，等到哪天又中風了，或者身體又不舒服了，就不要上醫院，才能死在家裡床上。母親這才停止了哭泣，清楚地說了句：「好！不要告訴他們！」我也順著說：「當然不能告訴他們，這是我們的祕密，妳放心，到時候我會陪著妳的，不是陪妳死喔！我還想活著呢！是陪在妳身邊啦！」

母親聽得噗嗤笑出聲來，我也為自己的臨場機智感到欣慰。不到一天的光景，母親完全忘了這樁事，開始找尋日常的保養品。我幫忙東翻西翻，尋到了精緻的「時空逆轉膠囊」，不覺心中浮起笑意：八十多歲的老太太，依然被電視購物臺唬得團團轉，時空的逆轉怎麼會發生在膠囊裡呢？那是要重新投胎轉世的！我還尋到了成打的高級牙膏，都在有效期限邊緣，母親一共只剩下一顆真牙，但購買的欲望強烈，想要買給孩子們用，孩子們卻有各自喜愛的品牌，只能眼睜睜看著「明月照溝渠」了。

我把母親的脈搏、血壓、血糖指數，以及飲食、便尿的次數，登記在一個筆記本上，每日作參考比較。反正我平常就愛塗塗寫寫的，並不感覺記錄病情、飲食、排泄是個負擔，還鉅細靡遺地把大便的形狀、顏色描述一番，自認為作得比護士小姐還要到位！把母親抱上抱下，我就當作是負重練習，這對缺乏運動的我，是一項很好的鍛鍊。母親中風的軀體，因為多吃少動的緣故，變得越來越重了；我也正好慢慢習慣、逐步提升負重量。

有時候復康巴士遲到十幾分鐘，我們就在復健診所樓下晒晒太陽，吸收一點自然界的能量。凌晨被母親叫喚醒了，給她喝上一杯營養素，通常她會再睡兩個多小時，我若沒有睡意了，就看看書、寫寫稿，享受一下不被干擾的兩個小時。南懷瑾老師曾經說過，凌晨四、五點鐘如果醒來的話，就不要再睡了，否則一天都會昏沉沉的。總之，試著把阻礙化為資源，感覺上是很流暢、很隨順外在環境，但也不違背自己的內心，而呈現一種很均衡的狀態，這時候，會從宇宙吸收到無形的能量。一旦有了抱怨之心、不耐煩的感覺，就會瞬間跟宇宙區隔開來了。為了一個不喜悅、不甘心、不被理解、不被善待的感受，而剎那間失去了與宇宙的連結，那是絕對不划算的。

我幻想著：鎮日徜徉在宇宙溫暖的懷抱裡，地球上發生的些許事件，是引不起注意的，所以乍看之下，一切圓滿無礙。我練習著：只看資源不看阻礙，阻礙就慢慢消融了、不見了。我從高處看自己，感覺自己是幹活最吃重、精神最愉快的一個異類，於是有感而發地對先生說：「我不是普通人耶！」先生說那樣聽起來有點自大；我說：「那改為我不是正常人好了。」先生說那又太自貶了。當下我體悟到無話可說的況味，只要說出來就會被作不同的解讀，連最親近的人都用他的系統來判斷你的語意，難怪古德說：「凡有言說，均無實義。」語言文字距離真實，確實是十分遙遠的！

教會裡的傅師母來訪，勸慰母親要時時喜樂、時時感恩，身邊還有先生的陪伴，女兒女婿又很孝順，就證明了主耶穌還是眷顧著她的。傅師母說：「有一位姊妹乳癌過世，她母親哭泣不止，我就勸說，既然女兒已經安息主懷，妳要祝福她，不要每天難過、哭泣，免得哭壞了身體，又要拖累活著的兒女！」這一番話，不偏不倚滑入了母親的心湖，母親就是因為聽到妹妹在美國病故的惡耗，身心受到刺激，才突然中風的。

妹婿得知消息後，很自責地感嘆：或許瞞著老人家會比較好，可以免去白髮送黑髮的悲痛。我倒覺得誠實以告是正確的，只是告知之後，要有後續的陪伴、勸慰、寬解等配套措施，別讓老人家獨力承擔椎心之痛。這是我們事後諸葛、痛定思痛反省出來的一項缺失，我們被母親偽裝的堅強瞞住了，眼見紙老虎不堪一擊地倒下，那種懊惱、自責、悔恨、傷感的情緒，也需要好一陣子才能平復。

「我們一直生活在神的恩典中，可是我們卻感覺不到。」傅師母說：「病痛只是讓我們記起來，要常懷感恩心。如果每天都能走路，我們就不會珍惜感恩；一旦發現不會走路了，才知道會走路是神的恩典。」多麼體貼的勸導啊！母親的眼中閃著淚光，我相信神的恩典已然充滿在她心中。我同時感受到，一股綿密的能量來自傅師母，直接灌入我的胸口，鼓動著我所有的細胞。這時還有什麼宗教的隔閡？我都要忍不住感謝讚美主了！

「人在死後有沒有回到天國，看他臨終的表現就知道了。」傅師母說：「有一位癌末的姊妹，全家人商量之後決定拔管。她的兒子在拔管前播放著詩歌的錄音帶，她還微笑著用手在床沿打拍子，心中完全沒有畏懼；因為她知道要去一個更好的地方。臨終前她看著難過的先生，說出：『我比你有福氣喔！我先去那邊等你。』這對她先生該是多大的安慰啊！」傅師母寥寥數語，勾勒出一幅安詳靜謐的畫面，餘音裊裊的聖樂，正為一位信心堅定的女性，鋪展出光明燦爛的天國之旅。母親緊握著傅師母的手，不住地點頭表示她能領會。

我經常一面為母親洗刷假牙，一面咀嚼著傅師母的話語，感覺她就是神派來的天使，讓我對於母親的康復、爸爸的醒悟、以及自己還有孝養的機會，內心滿溢著感恩。

剎那間，一個化了妝的祝福，在無限的愛與關懷中，映現出原來的面貌。

小感悟：當下每一刻都是最好的樣子

樹椏間垂掛的黃葉，看著有點落寞，但那是它最好的姿態。嫩綠、翠綠都是它的曾經，悠然飄落、回歸塵土才是它的未來。

專注於當下的一刻，莫要只看表面現象，而要追溯到事物的源頭，最終你將發現，身邊的資源足夠你使用，所得到的收穫也往往出乎意料之外。

感恩周遭的存在，無論陽光燦爛或風雨飄搖，都是上蒼最好的安排。生活還會繼續演化下去，記得要注入你有覺知的生命力，否則，生活祇是一個空蕩蕩的場子而已。

翻滾吧！善女人！

每次一被責怪，我就翻啊！一被嫌棄，我就滾啊！久等不到翻滾的浪頭，還有點怏怏然，想要瞧瞧外面有沒有像樣的大波浪呢！

人生提供給我的，到底是一個舞臺、還是一個試場呢？當我春風得意的時候，人生分明就像一個舞臺，任我盡情揮灑才藝、博取掌聲；一旦我被挫折搞得灰頭土臉、諸事不順的時候，試場的氛圍就出現了。其實問題的答案並不重要，重要的是我該怎麼去應對。無論是舞臺或是試場，只要我涉入其間，不都要好好表現一番嗎？無論得意或失意，也都是我個人專屬的戲碼呀！

記得有一位師兄問到：「該如何提升自己的境界？」師父毫不思索地說：「當你感覺各種考驗都通過了、萬事都妥當了，千萬別太高興，因為舒服不了幾天，就會有新的狀況出現！這時就是你提升自己的機會了，這也是修行考驗的進階版，你不用去尋找它，它會自動找上門來，你準備著接招就行了。」師父說的時候臉上笑咪咪的，我當時聽著有趣，臉上還帶著微笑，想不到幾個月後，居然含著眼淚，成為師父此言最好的見證。

二〇一二年底的除夕前兩天，從美國傳來妹妹病逝的噩耗，除夕當天又從南部傳來母親中風的消息。這兩件大事只間隔了短短兩天，想當然有著密切的關聯，但一時之間也無暇去深入探討，只能全力以赴、好好應對這突發的狀況。

生與死的拉鋸戰驚心動魄，我們終於從死神手中搶回了母親的生命。我深切瞭解到：母親一生辛勞，該享的福報還沒有享盡，與親人之間的緣分，也還未曾了斷，不應該就此撒手離去，所以死神暫時收手，留出一個時間與空間，讓我們各自盡心回饋。日後持續的照顧事宜，若應對得好，將是家族和解、團結、凝聚向心力的契機，萬一應對不得體，也是家族暗潮洶湧、分崩離析的一大危機。

啊！我燈火通明、鑼鼓喧天的京劇舞臺自動隱匿起來，換上一個活生生的、有血有肉的、由我挑大梁的人生舞臺。當然，我也幻想著將來或許可以當導演，所以常常以導演的視角，來審視每個角色的戲分、演技、與投入程度。

一旦坐上導演椅，感覺上平等心就流露出來了。眼中沒有好人壞人，一律都是演員，都要給我好好地演！同樣地，一旦走上修行的路，無論遇上好事或者壞事，一律都是生命的體驗，都要把一身的本領、手邊的資源全數施展出來，給他好好地過關！這就是師父常說的：「修行成道的先決條件，就是接受一切的好與一切的壞。」

佛經上有許多菩薩修行成道的故事，可以提供我參考、仿效。其中有一位穢跡金剛，聽名字就知道祂是一位處理汙穢的高手，祂是怎麼在汙穢裡修行的呢？據說，祂是在汙穢的地方一直打滾，翻滾到無量無邊就化空了！我想，在汙穢中打滾就是不斷地磨練，能夠打滾到無量無邊，就進入了不增不減、不垢不淨的佛世界，當然也就沒有甚麼好與壞了。

我得知這樣的修行方式，不覺心中一動！心想：我照顧著母親的吃喝拉撒，每天在屎尿中打滾，不是正好拿穢跡金剛當榜樣嗎？「喔！要打滾打到無量無邊，就是心無旁騖、一心一意地侍候母親吧！」我心裡作這樣解讀！有時候夜裡起床七、八趟，好像快要支撐不住了，我就給自己打氣說：「翻滾吧！善女人！妳就快要在屎尿中修行成道啦！」

嘿！這一招還滿有效的，立刻精神一振，感覺穢跡金剛在背後加持我呢！

師父教誨的心法是：「眼見色心中無色，耳聞聲心中無聲，鼻嗅香心中無香，舌嘗味心中無味，身受觸心中無觸，意想念心中無念。」我夜裡一趟一趟地起身，把母親抱起來大小便，這就是屬於「身受累」，但我心中要「無累」才行；也就是說，身上的勞累不能到心裡去。那麼要怎麼把這個勞累的感受化空呢？這就必須在「行深般若波羅密多時」（菩薩修行達到最高深的般若智慧）才能「照見五蘊皆空」，而受蘊只是五蘊★[1]之一而已。

師父說，當我們實行到深處的時候，往心中一探，甚麼都沒有，整個心是空的，就是回頭到了彼岸，就是修到「般若波羅密多」了，也可以說這一句話，實際上已經把佛法說完了。不但能「照見五蘊皆空」，後面還有種種妙用方便，都是自動演化出來的。唉！麻煩就在我的芳心亂動一通，別說一直翻滾到無量無邊，才多翻了兩翻，就停下來看成果了，結果看到：夜，還是一樣的漆黑、燈，還是一樣的昏黃、我，雙眼迷迷離離的，分明就是一隻雌兔啊！

既然在屎尿中滾不出什麼名堂，就到貪、瞋、痴、慢、妒的情境中去滾滾看吧！修行就是要透過人性中貪、瞋、痴、慢、妒的情境，去充分的歷練、接受不斷的考驗，透過五毒的煎熬，慢慢把人性轉為佛性。這就是「轉識成智」★2的功夫。這些都要在生活實踐上體驗，從理論上是無法理解的。因為貪的根源是為了生存，從小嬰兒開始，就知道向外取得資源，母親的乳汁就是他的資源啊！你要他不起貪念，那他還要不要活命？所謂的修行，就是與人性相違背的，一旦將人性的滿足撇在一邊，把佛性的滿足放在第一位，這樣就有機會喚醒佛性了！

「唉呀！好好的一盤滷味被妳糟蹋了。」爸爸說：「妳應該分開來加熱嘛！牛腱子放一邊，牛肚放一邊，豬腸子放一邊，這樣好看又好吃。做菜要講究色香味，妳都不懂啊！」我心想：我懂啊！但我是來照顧媽媽的起居，不是來應徵廚子的！有這樣的滷味，換了在我們家，一上桌就搶光了，還管它怎麼擺放，全都儘早擺放在肚子裡啦！但是再一想：我是修行人，不能隨著外在環境、人類慣性起舞；而是要藉由外緣的觸動，趁機喚醒佛性的。眼前不正是我修行「耳聞聲心中無聲」的最佳時機嗎？於是把心中的雜音全數消去，和顏悅色地說：「懂啦！

下次照辦就是了！」即便心中反駁的聲音清晰可聞，也不能透露出一絲一毫的不悅。我一面消去反駁的聲音，一面審視內心的動靜，讓自己不起瞋心，只當作是在瞋的情境中翻滾了一回。

偶有心力不足的時候，趕忙用無條件的愛來包裹；若感覺到愛匱乏了，就從回憶裡面去尋找，幸福甘甜的回憶，總能快速地把愛找回來！

記得小學一年級的時候，學校要我們養成儲蓄的習慣，就規定同學們每天存一塊錢，登記在存款簿上，學期結束之前再領出來，相當於零存整付，感覺上有模有樣的。我繳了幾次錢之後，不知怎地就不再繳了，每天多出一塊錢零花，可以在中午吃一根玉米，放學後吃一盤番茄，多麼爽快啊！何苦排著隊等待繳錢，讓它變成存款簿上的一個數目字呢？我當時的小腦袋就是這麼想的。學期中被媽媽發現之後，說是要等爸爸回來處置，那幾個小時的等待，是我當時有記憶以來最恐懼的時段。爸爸回來之後，問明了事情的原委，居然沒有打我也沒有罵我，只對媽媽說了一句：「錢都存進了她的小肚皮裡，也不算糟蹋啦！」我在心裡高呼：「爸爸萬歲！」

而今，爸爸垂垂老矣！心臟血管用支架支撐著，血壓、血糖用藥物控制著，僅有的欲望就是吃一頓好飯好菜，滿足一下色香味俱全的口腹之欲，哪有什麼錯呢？是我忽略他的老肚皮了！於是頓覺這個「瞋境」的波浪其實很小，對於一個衝浪高手來說，顯得有一點小題大作啦！

僅僅是這樣一個認知，就讓我翻滾出樂趣來了！隨時注意貪、瞋、痴、慢、妒的五毒之波浪，無怨無悔地迎上前去。每次一被責怪，我就翻啊！一被嫌棄，我就滾啊！久等不到翻滾的浪頭，還有點怏怏然，想要瞧瞧外面有沒有像樣的大波浪呢！

在陪著母親復健的過程中，發覺每一張輪椅裡，都暗藏著一個家族悲歡離合的故事。我從聽來的故事裡，設身處地用修行的角度來看，都可以另闢蹊徑、有一番不同的應對。好比說有一位叫小惠的家屬，推著動過腦瘤手術的母親來復健，經常抱怨她的嫂子短視近利，見她大哥簽賭賠了近兩百萬，就提出離婚，不願共同背債！離婚之後身體出了狀況，身邊無人照料，便跑回夫家來休養。在夫家的幫助之下把病養好了，見著丈夫的債也還清了，就慢慢把孩子帶回來走動。家人看在眼裡，以為夫妻關係有修復的可能，也就儘量善待她，不料這時碰上媽媽開刀住院，需要人手照顧的關鍵時刻，小惠希望她伸手協助一下，她卻打了退堂鼓。

「天下哪有這種好事！」小惠發火了：「這次如果不來幫忙的話，以後就不要再回來了。」同時小惠也向大哥撂下話說：「如果你再私下去幫忙她的話，我就不回來照顧媽媽了，你自己看著辦吧！傻瓜笨蛋當一次就足夠了，沒道理一直當下去！」於是夫妻重修舊好的旋律變調了，大家心裡都疙疙瘩瘩的不痛快！

人們常說「造化弄人」，在我看來是「人弄人」的機會較多。乍聽之下，這位大嫂確實有點貪心，只享權利不盡義務，似乎把便宜都占盡了。但仔細想一想，她也是受害的苦命人啊！沒有好的學歷，只能靠家庭代工賺一點小錢，辛苦多年攢下的錢，卻被丈夫瞬間輸光了，這個無情的打擊她無法承受，只好用離婚來逃避，她的心痛是可想而知的。身為丈夫的大哥心懷愧疚，所以一面倒地討她歡喜，讓她予取予求，總希望有個好的結局。如今在小惠這一記「將軍」棋的威嚇之下，難免黯然神傷！

小惠要怎麼做才能兩全其美呢？我想，如果我是小惠的話，在發火之前會思考一下：喔！大嫂好貪心啊！她正呈現出一個貪相；而我被她的貪相勾引出一個瞋心來，我若順著這個瞋心去行事，就會呈現瞋相。大哥被我的瞋相震懾住，或許會生出一個痴心來，他順著這個痴心去行事，難保不會呈現出痴相。社會新聞裡那些想不開的、憂鬱的、發狂的，都是一個一個的痴相啊！我可不能被她的貪相勾引！可是瞋心已經生出來了，怎麼辦呢？我得用慈悲心來對治。我相信她呈現貪相的唯一作用，就是讓我覺察到自己的瞋心，瞋心是與地獄道、阿修羅道相應的，於人於己皆不利。我可以試著用柔軟的心，去體諒她的苦衷，理解到她也是因為缺乏智慧，被債務的恐懼驚嚇住，才會一心求去。現在境遇轉變了，變得夫妻復合對她比較有利，我就要儘量慈悲對待、替她把障礙排除！這樣一來，我的瞋心就轉成慈悲心了；一旦轉成功了，就與菩薩道相應，甚至是「轉識成智」啊！萬一轉不成功，我可能就要掉進三惡道的苦海中去輪迴了！

若把現實生活比喻成一齣戲的話，我們家這齣戲的主要的演員、場景、道具資源已經是固定的，劇情的架構走向也八九不離十了；能夠轉圜劇情、界定此劇是悲是喜的，只有一個項目，就是每個演員的心態與演技。

我確信只要有一個演員，下定決心演好這齣戲，在關鍵的時刻，將自己化身為一個管道，引進宇宙的源頭活水，必然可以轉悲劇為喜劇。如果導演原本安排的就是喜劇，那就喜上加喜，成就一齣超級大喜劇。這樣的演員並不好找，我看我就是最佳人選啦！因為我是有背景的資深演員，當初公公、婆婆的晚年都是由我照顧起居、陪同看病住院，累積了病苦老人身心需求的資料庫，並扎穩了自己身心平衡的馬步，應該可以扛下這齣戲的大梁了。

若要給這齣戲定個名稱，我覺得「翻滾吧！善女人！」還挺貼切的。

注釋：

★1五蘊：包括色、受、想、行、識。任何有形有相的東西皆為色蘊，包括我們的身體和物質世界；其他四蘊皆為精神層面。對四周人、事、物的感受為受蘊；把感受到的外境，加上自己的執著、分別、取捨，產生了愛憎、喜怒、貪瞋等情緒反應，就是想蘊的功能；對事物的好壞有了認知，萌生貪著與排斥，並產生了行動的意志力，是造業的主要心理作用，也就是行蘊。覺知前四蘊之存在，並加以區分、認識的是識蘊。簡言之，「五蘊」所指的就是錯綜複雜的世界萬象。

★2轉識成智：有轉凡成聖的意涵，因為整個運作系統都翻轉過來了。轉識成智，是將凡夫的「八識（眼識、耳識、鼻識、舌識、身識、意識、末那識、阿賴耶識）」，轉成佛的「四智（成所作智、妙觀察智、平等性智、大圓鏡智）」。「成所作智」是從眼、耳、鼻、舌、身五識轉過來的，有了這樣的智慧，就能辦成功所有普利眾生的事情。「妙觀察智」是從第六識轉過來的，這樣的智慧能觀察出眾生的根器，給予恰到好處的諮詢與協助，讓眾生修成正果。「平等性智」是從第七識轉過來的，這樣的智慧通達平等無我的道理，就會對一切眾生興起無緣大慈、同體大悲的情懷。「大圓鏡智」是從第八識轉過來的，就像一個又大又圓的鏡子，把所有事情都照映得清清楚楚、洞徹分明。

小感悟：人生沒有絕對的幸與不幸

貪瞋痴慢妒，雖然各自有呈現的方式，但它們的源頭是同一個，祇是演化的面向不同而已。好比說，貪愛是從「美好的感受」往下發展出來的，若再往下發展，就萌生了「占有」的欲望。這時，我們要反其道而行，往美好的感受回歸。這些感受與念頭會時刻生滅，我們一旦覺察到，就有機會不隨著慣性沉淪了。

生活是悲或是喜，端看你如何去界定它。悲到了極處，也許會迎來人生的大翻盤。喜的過程中，也可能造下無端的罪惡。

學做菩薩

遇到各式各樣的狀況，就把自己原有的個性放下，摹擬著菩薩的作為來應對。久而久之，就形成了一個菩薩的能量場。

人品、修養、人緣，其實就是一個人的能量表現；佛性、菩薩性、羅漢性，也都是一個、一個的能量場，涵蓋範圍比較廣大、乃至無量無邊。商人有商人的氣息，修行人有修行人的習氣，有些是宿世的積累，有些是今生學習、薰陶之下形成的。

學做菩薩，也只是把「菩薩會怎麼做？」放在心裡，給它一個重要的位置。遇到各式各樣的狀況，就把自己原有的個性放下，摹擬著菩薩的作為來應對。久而久之，就形成了一個菩薩的能量場，從小範圍來講，所到之處可以潤滑周遭不安的氛圍；從大範圍來說，可以吸引更多來自四面八方、性質相同的能量場，成為一個廣大的網絡，很多道場就是這樣建立起來的。

菩薩的能量場形成之後，很多事情都是自動完成、自然明白的。例如，有一天倩如問我：「如果此生讓妳重新來過，妳會做怎麼樣的選擇？」我說：「我會選擇保持單身、好好修行，因為家累繁重，耽誤了太多修行的時間。」倩如聽了神情怡悅，還請我吃了一頓大餐。

隔天，淑貞問我：「一年沒見面了，我去年跟今年有什麼差別？妳能看出來嗎？」我說：「去年妳看起來精神飽滿、比較濃豔，今年精神還是很飽滿，能量也很充沛，但是偏向清秀佳人，可能是沒有化妝的關係，反而把清秀的本質顯露出來了。」淑貞一聽，整個人都亮了起來，直說：「還是妳最瞭解我、看我看得最清楚啦！」於是我又慢慢解釋給她聽：每個人都有個別的特質，我的特質是有書卷氣，即便化了京劇的濃妝，在臺上演書生、文官，那股書卷氣還是會流露出來。我不想用胭脂水粉掩蓋了它，所以經常保持素顏，呈現本來的面目。

我在臨睡前、略作回顧時發現：對於兩位女性朋友的提問，我的回答都是不經思維、脫口而出的，卻正是她們需要的答案。聽我這麼一說，她們就心安了。如果她們的身分背景改變了，倩如不是單身的癌症患者，淑貞不是憂鬱症患者，我的回答可能就不一樣了。因為「單身與否」完全不在我的資料庫裡，但提問的倩如是單身，又因癌症割除了女性器官。而淑貞問我「看起來如何」也不在我的境界內，淑貞又是憂鬱症患者。所以，我的回答只是隨順她們的心態、安頓她們的心、給她們能量而已，並不是我的真實認知。我回想當時的心裡應該是空無一物、沒有東西讓我撈摸的，以致於思維出現了停頓，真心覺性瞬間上線、接續了情境的運作，才會那麼自然圓融。可惜當時並沒有覺察到，稍有覺察就已經是過去式了。咦？黃檗斷際禪師曾經說過，真心是應緣而化物的，當祂不應緣的時候，你不能說祂有或沒有，當祂正在應緣的時候，你也找不到祂的蹤跡。那就沒什麼好可惜的了，當時沒覺察到是正常的呀！

幸好，我經由此一事後覺察，忽然瞭解到：〈觀世音菩薩普門品〉裡提到的，眾生應以何身得度，菩薩就現何身來度他的真實義。重點就是菩薩以祂的清淨心，讓眾生心清淨了，或者在菩薩的磁場裡，讓眾生安心了，不再有疑惑了，菩薩當下就度化了他，而不是度他來信佛、念佛。菩薩像是一面威力強大的鏡子，照映出眾生無染的本性；也因為有眾生的需求，菩薩的清淨心才顯出了功用。當我有了這樣的領悟時，朋友也成了我的菩薩，因為她們所營造的這個場景，讓我明白了得度的真義啊！

只要念茲在茲，每一件事情、每一個場景，都可以當作課題來演練。剛開始或許有些生疏、不自然，也會進進退退、走三步退兩步，但總比被動地活著、無所適從地徬徨著、心懷恐懼地等待著要強百倍啊！

我年邁的母親中風了，家族中恰巧我有閒空，我想這就是我修菩薩行的場景。我扮演菩薩的對象，不再是先生、女兒、朋友，而是生我、育我的父親、母親，讓劇情的發展變得更加溫馨了。我想，如果對自己的父母，都無法開啟慈悲喜捨之心，怎麼可能走出悲憫眾生的大道呢？有了這樣一個滿溢親情的場景做陪襯，從中體會佛法的精髓，整個法就變得活潑生動，像一潭碧綠的湖水，而我正是其中悠游的一條小魚呢！

「菩薩清涼月，遊於畢竟空，眾生心水淨，菩提影現中。」這是《華嚴經》裡的一個偈子，正好給我當藍圖來模擬一番：我若是扮演菩薩的角色，就要像清涼月一樣，高高地掛在天上，四周都是虛空的，如果眾生看不到我，是因為他們的心地太紊亂了，那我就得再掛得低一點了。

一般人沒有體會到世間的虛幻，以為一切人、事、物都是真實的存在。其實，每個人的物質生命，就像電影的膠卷一樣，只是留下一卷紀錄而已。電影的膠卷一秒鐘可以播映二十四格，等於在一秒鐘內讓你連續看二十四張底片，看上一、兩個小時，就產生了喜怒哀樂的情節，弄得大家又哭又笑的，那是因為視覺暫留的關係，才有劇情的發展。一旦認清楚了真相，審視一張張的底片，哪還有什麼激動的情緒？

這時，會有一個旁觀者的視角出現，看著別人演，也看著自己演，心裡明白：那只是一齣戲而已。旁觀者對於劇情雖然不能完全明瞭，但可以猜個十之八九，大致離不開生、老、病、死的家庭倫理劇。由於你早就跳出來看清楚了，所以當下可以享受親情的歡愉，心裡清楚它是無常短暫的。當然，你也可以為急轉直下的悲劇情節黯然神傷，心裡清楚它也是無常短暫的。那樣的認知與體會，會讓你打起精神，好好經歷當下的歡愉與悲情，為虛空增添一抹溫暖的色彩。

旁觀者的角色熟練之後，你就會想挑戰菩薩的角色，那就不是跳出來，獲得一個旁觀者的視角，而是要飛上去，看得更高、更遠、更全面。因為菩薩是清涼月啊！菩薩不是高高在上沒事幹，而是要隨時啟發眾生、現身說法的。問題是：別人不知道你正扮演菩薩呢！所以先生、太太還是經常嫌棄你，爸爸媽媽、兄弟姊妹還是跟你鬧脾氣，兒子女兒還是頂嘴、給你臉色看。這時候你就會掙扎拉扯了，到底還要不要扮演菩薩呢？因為菩薩沒有貪、瞋、痴、慢、妒的執著、煩惱，甚至連起心動念都是罪過。太難了！還是下來當觀眾比較輕鬆一點，至少看到不合理的劇情，還能評頭論足一番。於是你決定換個角色，暫時不演菩薩了。

在觀眾席中，你發現自己比一般觀眾來得清楚明白，看得見一般人煩惱的原因所在，有時候那個原因是很容易拿掉的，你忍不住想幫他一把，於是又飛身上去當清涼月了。你是怕他自我糾纏不清，浪費了得來不易的人身，一旦犯了糊塗、失去人身，又將落入另一個輪迴！

人身有什麼好處呢？我們修行一天一夜，等於西方極樂世界修一百年呢！可見我們的資源多麼豐富啊！西方極樂世界環境好，但是修行成就慢啊！為什麼說「一人得道，九族升天」，就是得道之人，擁有了無限的資源啊！難道資源是隱形的嗎？為什麼一般人不能擁有，非要得道之人才能擁有呢？的確！資源藏在虛空之中，無量無邊，最奇妙的是，當你擁有之後，自己也許並不知道，而其他五道的眾生卻先知道了，當然包括你的祖先，和有關連的冤親債主，全都想藉由你的資源超拔升天呢！

倓虛大師在他的《影塵回憶錄》裡，說過一個故事：他在出家前與人合夥開了個中藥鋪，當時有個姓劉的合夥人，持誦了八年的《楞嚴經》，非常精進。有一天下午，劉某在藥鋪裡打盹，帳房黃大爺在櫃檯記帳。朦朧中，劉某看到兩個鬼來找他，那是兩個鄉鄰老友，曾經為了幾畝地和他打官司，後來他打贏了官司，他們兩人打輸官司之後相繼病故。劉某當下心裡大駭，怕是來找他索命的。但見他倆忽然跌跪在他的面前，請求他超度。他說：「我不知道要如何超度你們啊！」兩個鬼說：「你只要答應我們就行了。」這麼簡單啊！他說：「好！我答應你們。」那兩個鬼就順著他的肩膀，往上飄升而去。哦！這就是超度的方法啊？他正在尋思間，又來了一位婦人帶著一個女孩，他仔細一看，是他死去的妻子和女兒。她們也輕聲細語地請他超度，這回他熟門熟路了，就立刻說：「好！我答應妳們。」只見妻女也凌空而去，他忽然間驚醒了。他問低頭記帳的黃大爺：「剛才有見到什麼人來鋪子裡嗎？」黃大爺說：「什麼動靜也沒有啊！」他就不再多言，把這個神奇的經歷暗記在心裡，事後講給倓虛大師聽。

可見「修行成道」這件事，就像感冒咳嗽、懷孕生子一樣，想要隱瞞也不是那麼容易，即便佛菩薩沒有來向你道賀，冤親債主也會在暗處衷心仰望著你！

我自編、自導、自演的「菩薩行」劇碼，可不是讓自己演來過癮的！而是要隨緣度化、改變周遭環境、乃至改變整個世界的。就像有些貌不驚人的出家眾，來到一個不知名的小地方，身無分文的托缽過日子，不久之後就有眾人跟隨，那是因為他的清淨心自然發光，他無形的磁場將人們吸引到面前來的啊！就在我無限神往之際，驀然間一個意象在心中升起：我的手裡拿著一個萬花筒。我的手稍微震動一下，萬花筒裡的圖案就隨之變化萬千。我的清淨心就是一個正向的啟動，萬花筒裡的圖案就是我周圍的世界。只要我一個清淨的覺照，周圍世界就跟著朝向光明面轉動了。

我體會到：只要以寧靜的心自我觀照，不要讓頭腦胡思亂想，就會漸漸接近真心本性★3，想的越多反而離真心本性越遠！在為父母祝願祈禱的時候，感覺離真心本性很近，越來越近，彷彿我就是我的父親、母親，那是來自源頭的同體感。我衷心希望他們健康快樂，這時候我感覺與他們的心連結上了，他們的笑容就浮現在我臉上。啊！我的祝願圓滿了！我學做菩薩有一點成效了！原來我自己要先達到那個境界，然後用我的心與他們連結，他們慢慢就會如我所願了。

同樣的道理，化解人世間的恩怨，也不需要多費口舌，或者疲於奔命，只要把自己的心修清淨了，外境的人、事、物自然跟著改變。換言之，你的境界提升了，就會遇到不同階層的因緣。好比說，你從小池塘移到了大池塘，就再也遇不到小蝦米、小蝌蚪啦！

照顧母親漸漸順手了之後，就要把能量場轉向父親了。

「妳這個人真是會糟蹋！」爸爸說：「這麼大一個電鍋，妳只蒸了一個粽子，太浪費電了，起碼蒸上三個嘛！」

「我和媽媽都不適合吃粽子。」我委婉地說：「要不然蒸兩個好了。」他勉強同意了，我又多講兩句：「蒸幾個粽子，跟電鍋的大小無關，跟鍋內的水量有關。好比一個粽子加一杯水，兩個粽子就加一杯半，三個粽子就加兩杯。」

「那妳改蒸兩個粽子，水加得夠不夠啊？」爸爸此言一出，我就知道他聽懂了，連忙安撫他：「夠啦！」而多加的那一個粽子，直到晚上還躺在電鍋裡，他就更加明白了。

菩薩絕對不會在口氣上與他計較，因為這是認知的問題，他的認知在源頭上就不正確了，衍伸出來的口氣又怎麼會正確呢？與老人家觀念、認知上的溝通，經常是生活上的一大難題，必須要有多一點的耐心，而且不要心存是非對錯的想法，只要心平氣和地把關鍵點出來，自言自語地講清楚就行了，不一定要等對方認可。你越是毫不在意、毫無目的地陳述，對方越是會去思考其中的意涵；你越是理直氣壯、強力說服，彷彿擎著正義的大纛，對方反而會被你的情緒吸引，針對情緒作出回應，那不是越走越遠了嗎？

宇宙因緣的運作，真是十分奧妙、難解。有些人不知宿世種下什麼善因，輕而易舉地就接觸到好的法門，遇到了大善知識，讓人生旅途一路走來，順境有順境的收穫，逆境有逆境的學習，還有機會學著做菩薩；有些人窮其一生，也接觸不到一丁點的善因緣，只好渾渾噩噩地度日，等著善心菩薩來拉他一把。

啊！陽光拉住了我的影子，越拉越長，就像我的「菩薩道」一樣，始終跟在我的身邊，有時長一點，有時短一點，有陽光的地方就有它。我很清楚明白：自己還沒有成道，因為諸佛菩薩還沒有來向我道賀，歷代祖先也還沒有來要求我超度啊！他們會不會來呢？會的！等我學成了之後，他們一定會現出金色身，恭賀我得道成佛！還有什麼比「一人得道，九族升天」更令人感到欣慰、滿足的事？我彷彿看到自己的嘴角微微上揚，一抹掩不住的笑意飄上兩頰。

注釋：

★3真心本性：禪宗稱為本來面目、或者主人公。簡單來說，就是真正的我。因為真心本性可以知道一切，卻不被一切所知道，所以一般都用空、無來描述它。真心的無形無相、不增不減、不生不滅，恰恰道盡了它的不可思議！

小感悟：可以獨立，但不要孤立

蓮花的根，必須從淤泥裡面汲取營養，才能生長茁壯，開出清淨莊嚴的花朵。菩薩也是從與眾生的互動中，不斷轉化、提升、鍛鍊，才得以成就。如果你潔身自愛，隔絕了親友的干擾，就像插在瓶中的蓮花，與淤泥斷了聯繫，生命也就十分有限了。

把自己當做一個會行走的能量場，抱著願意體驗與學習的心態，接納迎面而來的所有人事物。讓圍繞在周遭的富足、和諧與美好，自動運作起來。

穢土就是有機土

我像一隻圓滾滾的蚯蚓，肚裡裝滿了佛法戒定慧的淨土，卻不偏不倚地落在了貪瞋痴的世間穢土裡。

把母親捧在手心裡的感覺真好！母親坐著看電視連續劇太久了，起身的時候站不穩，就一把抱住我，汗味濃郁的灰白頭髮，在我的頸項間磨蹭。我連忙說：「不怕！沒關係！稍微站一會兒再走，走不動的話也可以坐輪椅。」我從母親堅定的眼神中，看不出有什麼畏懼，可能只是下意識的反射動作吧！我聯想到六十多年前，我是母親生養的第一個孩子，也是家中唯一吃母奶長大的娃兒，母親對我的疼愛一定不在話下。母親當時必然是把我捧在手心裡，天寒怕我凍著，夜長怕我餓著。我那時可能渾身奶味，天不怕地不怕吧！

可見懼怕與否，無關環境天候，也無關特定對象，只是存在於言說者的口中、意念者的心中。你說出了畏懼的話語，表示你心中有畏懼，而你所關懷的對象未必有畏懼。你想到了畏懼的情境，表示你意念中有畏懼，也無關外境的人、事、物。這時再來讀楊絳女士的「百歲感言」，她說：「到最後才發現，人生最曼妙的風景，竟是內心的淡定與從容。到最後才知道，世界是自己的，與他人毫無關係。」你就會有所感悟了。

多數人都在頭腦的編排下過日子，腦子裡所關心的就是利弊得失、成功失敗，以致於有人庸庸碌碌一生，也有人花團錦簇一世，即便走遍了千山萬水，就是走不出頭腦的編排。其實，外境只是一個自然的呈現，本身沒有好壞與對錯，是我們雜染的心與它糾纏不清，才自編自導地發展出一套悲歡離合、高潮迭起的劇碼。我曾經試著將心沉靜下來，感受那與天地共振的頻率，我確信只要頻率正確了，就可以把我帶到靜寂無聲的宇宙源頭。但相信是一回事，體驗到又是另一回事。剛開始時，我感覺自己有股強烈的企圖心，不信母親的健康喚不回來，但那還是頭腦的運作，所以一直連結不上宇宙的脈動。慢慢地，我逐漸放下了頭腦的運作，健康的母親與中風的母親，都是我心所愛的，在宇宙的源頭並無差別，我的心與母親無差無別，與眾生心也無差別。一旦沒有了企圖心、比較心、分別心，空曠的氛圍漸漸瀰漫開來，也才能略微品嘗幾分寂靜的況味。

傍晚昏暗的光線下，有一位中年人來按電鈴，手上捧著一掬玉蘭花，親切地對我說：「拿去灑上一點水，馬上就會開了。再晚一點，就會被別人摘了！」我接過他手上的花，才想起來他是對面做資源回收的陳先生。他大概是看我每天去巡視玉蘭樹，料想我喜歡玉蘭花，就趁著傍晚時分，花朵剛剛綻放之際，摘下來送給我，以免其他鄰居捷足先登。

對面路旁的兩株玉蘭樹，是母親栽種多年的盆栽，因為越長越高大，就搬到了屋外擺放，父母親年紀大了疏於看顧，花開季節就任人採摘，偶而空氣中飄過一縷花香，才意會到又是花開滿枝頭了。這回我南下照顧母親，發現每天上午八點半，會有一道陽光透過大樓的間隙，照在我家門口，我就用輪椅推著母親出來晒太陽。錯過這個時段，就要等到十點半，陽光會從另一棟大樓的間隙透出來。我不由得感嘆：座落於大樓間的透天厝，想要晒晒清晨的太陽，竟是那麼的難能可貴！

在等待陽光的空檔，我會在玉蘭樹下巡視一番，看看有沒有綻放的花朵。有一回在樹梢摘到三朵開炸了的玉蘭花，拿到母親面前，母親忽然開口說：「唉呀！都開了。」我一聽大喜過望！因為母親中風之後，很少開口說話，偶爾想講些什麼，也是嘟嘟囔囔地，沒人聽得懂，令她感到非常挫折，久而久之，她就不再主動開口了。我試著教她講些日用的話語，她也是隨教隨忘，好幾個月都教不會，於是我慢慢地也就放棄了。原來，她中風的左腦堵塞之後，要靠右腦的圖像來反應、靠著直覺來說話了。

我隔天又摘了一小碟梔子花，急匆匆拿進她的房間，她一見立刻說：「哦！好香喔！」證實了我的猜測無誤。我這才每天清晨、傍晚抽空去巡視，有時摘回幾朵茉莉花，她會說：「有螞蟻喔！」果然，甜膩的花香引來了兩隻螞蟻，瞞不過眼尖的母親！

我先用嗅覺搜尋花香，再專注地察看樹芽間泛白的花苞，只要花瓣稍微張開，就是我採擷的目標了。那枝頭乍見花開的驚喜、露水滴在手背上的沁涼感、以及母親口中的話語，都讓我樂此不疲！經過陳先生的好意，幫我摘了花朵送來，反而失去了一些眼見、手摘的樂趣。我對爸爸說：「陳先生好體貼喲！怕我摘不到玉蘭花，就幫我摘了送來！」

「我們家的舊報紙都讓陳先生來拿！」爸爸說：「還有一些舊電器、破銅爛鐵的，也都送給他去回收了！」我立刻明白，他是把爸爸對他的善意，回饋到我身上了。我轉而品嘗起他的溫馨之舉，陸續見到有鄰居為玉蘭樹澆水、用豆渣施肥，我才恍然：這兩株是我們共同的玉蘭花樹！

「真是佩服妳！」弟弟的女友說：「老爺子的個性這麼難搞，妳卻可以待得下來，還胖了兩公斤！」「簡單啦！」我說：「凡事看它的源頭，而不要看它的表象，就沒有難相處的人了。」好比說，爸爸老嫌我們忘了關燈，它的表象是嫌棄、責備，它的源頭則是爸爸節儉的習性而已。我聽母親說過，爸爸當年的薪餉全數留在家裡，他自己只用一些零頭。畢竟一個上尉的薪餉有限，偶而還是不夠我們一家五口使用，母親又找一些零碎的家庭手工來貼補，才把我們幾個孩子栽培成人。爸爸節儉的習性始終沒有改變，是我們變得寬裕富足了，不知不覺間凸顯出他老人家的節儉。我們豈能將既得利益視為當然、得了便宜還來說閒話呢！

老人家能有什麼難搞呢？歸納起來也就是一些負面的想法、無端的抱怨而已。爸爸在我和母親的面前說：「這些營養品，還有輪椅、便盆椅、四腳拐杖，都是坑人的東西，專門坑你們這些殘障人的錢。那也沒辦法，誰叫我們正好需要，也只好讓他們坑啦！等身體好了，不需要的時候，他們就坑不到我們了。」母親聽了似懂非懂地點頭。其實，這都是受害心態與負面想法作祟！當母親無法進食、插著鼻胃管灌食的時候，就是靠流質的營養品維持住母親的體力啊！否則母親要吃什麼呢？那是救命的營養品，而非坑人的商品。雖然他們是營利的廠商，但也造福了社會人群，讓病人的身體有了基本的營養，病情不至於急遽惡化，可以爭取更多謀求生存的時間。我們應該隨喜讚歎才對，怎麼可以一面享受其便利，一面埋怨他們賺取利益呢？有這樣負面的心態，受害者還是自己啊！想想看，一個病人以感恩的心，享受醫療的便利，身體細胞肯定逐漸健康飽滿；另一個病人以抱怨、咒罵的心委曲求全，身體細胞必然也泡在瞋恨的毒汁裡。二者呈現出來的後果，只能用天壤之別來形容，因為身體是跟隨著心靈起伏的啊！

爸爸的帶狀疱疹拖了好幾個禮拜，醫生開了藥膏讓我們自行換藥。因為疱疹多數長在背後，我好心幫爸爸換藥，爸爸滿臉不耐煩地說：「瞧妳這動作慢的！要是當護士的話，早就被開除了。」我只淡淡地應了一句：「是喔！」爸爸這種借用假設語氣，來發洩不滿的說話方式，我已經漸漸習慣了，基本上沒有什麼實質意義，通常的策略就是不理會它，免得灌注了能量給它。再高一階的方式，就是趁著這個不討喜的話，回頭往自己心裡找一找，有沒有對應這句話的惡心？有的話就懺悔，無的話就放下。

以爸爸這句話作個例子，我心裡或許會想：「我拋夫棄女地來服侍你們，看護也不是我的專長，換藥也不是我的專長，我都勉力而為，傷了手腳關節是常有的事，偶而手腳慢一點，還要被你們嫌棄責怪，我這是招誰惹誰啦？」這就是與這句話起了相對應的惡心，就要立刻懺悔！我心裡若是想著：「我會出現在這裡，完全是因為無條件的愛，沒有第二個原因。這裡需要改進的只有我自己，一旦我圓滿了，我的世界就圓滿了。」這就是沒有惡心，當場就放下了。

我記得當場有兩、三秒鐘的靜默，爸爸靜靜地躬著背脊，我默默地擦著藥膏。剎那間心靈的後花園呈現了，其中闃無一人，卻有取之不盡的資源，感覺上就是一片廣袤遼闊的沃土！讓我體驗到心滿意足、妄念全無的覺受。那時的我並沒有特定人格，即便我只是花園裡的一隻蚯蚓，我也知道整座花園都是我的！我還真像一隻圓滾滾的蚯蚓，肚裡裝滿了佛法戒、定、慧的淨土，卻不偏不倚地落在了貪、瞋、痴的世間穢土裡。

「一個人搞得定嗎？」先生問我：「有困難要講喔！我會下來支援妳。」

「暫時不用費心！」我說：「一面照顧媽媽，一面配合爸爸，我覺得滿有成就感的。而且我的收穫也不少喔！想想看，現在的爸媽就是二十多年後的我們，在與他們的相處互動中，隨時有一面鏡子照見自己，可以讓自己的人性進化得快一點，早一些脫胎換骨。」

「妳能過得隨緣自在，我就放心了。」先生說：「畢竟血濃於水，爸媽有妳在身邊照顧，爸爸的脾氣妳也承受得住，那就是老天善意的安排，我也替爸媽高興！」先生寬大的胸襟，也是我的一項助緣，否則，他若提出：「這好像不該我們單打獨鬥喔！」我的境況就會艱難許多了，所以還是要感恩先生！

「該是我的就是我的！」我說：「有一個日本禪師的故事，正好可以詮釋這個觀念，不知道你聽過了沒有？大意是說：有一位禪師在當小沙彌的時候，被他師父派去一戶農家誦經。在誦經的中途，忽然聽到了嬰孩的啼哭聲，他轉過頭去看了一眼，正好瞥見一個嬰孩一邊爬行一邊尿尿。尿液沾上了旁邊的一把飯杓。農家的女主人不明就裡，拿起飯杓就盛飯招呼這位小師父吃，小師父有口難言，只得落荒而逃。一個禮拜之後，他又被派往同一農戶家誦經。女主人在誦經之後，招呼他喝美味的甜酒，他一杯又一杯的，喝得十分盡興！這時女主人很高興地說：『上回您走得匆忙，沒有留下來吃飯，所以剩下了一大堆飯，讓我挺傷腦筋的。後來我想到，不如把它釀成甜酒，也好在今天招待您。想不到您喝得那麼開心，真是讓我感到高興！』當年的小師父，後來當了寺院的住持，但甜酒的故事與場景，他一輩子都忘不掉呢！這不就說明了：該是你吃的尿飯，遲早都會吃到的！」

「以前好像聽說過這個故事。」先生說：「不過經妳這麼一說，又搭配上妳照顧爸媽、甘之如飴的場景，我看我也一輩子都忘不掉了！」

「我本來是抱定主意，要把周圍的穢土轉變成淨土。」我說：「但是一路走來，我發現穢土就是有機土啊！雖然看起來髒髒的、不太討喜，卻有著很豐富的營養。老實說，現在我滿眼都是有機土，每天都有新的感悟，營養充沛得很哪！我看爸爸也被我感化得差不多了。」

「怎麼說？」

「爸爸現在出門都會告訴我一聲，可見他心裡有我的存在。」我說：「不像以前，門一甩就走了，把我當作空氣似的。還有，他滿身大汗地從外面回來，會託我上樓幫他拿一件汗衫下來。我就順便擰一把溼毛巾，建議他把身上的汗擦一擦，沒等他授權，我就自動幫他前胸後背地擦了一輪，他也沒有嫌我手腳慢，可見我已經從媽媽身上，學到了擦澡的技巧，萬一將來改行當看護的話，也不會立刻被辭掉了。」先生聽得哈哈大笑！

說真的，活到這一把年紀，很清楚自己要什麼、不要什麼！照顧母親的病體、調理雙親的情緒、以及飲食起居，是一種單純的幸福。每一個與父母親貼近的當下，就是一個親情的連結與表達，那就是我衷心想要的、也是我所珍惜的。父母親朗朗的笑聲，就是我腦海中一頁又一頁美好的風景啊！

小感悟：世間的一切，都是你的內心反射

世界的確是自己的！你心中有恐懼，看到什麼都感覺怕怕的；當你心中有喜悅，滿眼都是樂呵呵的事，這才知道，外境祇是你內心的反射而已。

當發生衝突時，先不去反駁對方表象上的責備與攻擊，而去思考他行為背後的原因是什麼？這樣一個專注源頭的觀念，就足以把你的情緒拖離現場，避免一場無謂的紛爭。

藉著不討喜的外境，向內心找一找，有沒有與這個外境相應的惡心，找到了貪、瞋、痴就懺悔，沒有找到就放下。久而久之，心靈的後花園就會為你開放了。

都是因緣惹的禍？

每當突破一個困境，就像在動盪不安的靈魂裡，長出一條無形的根。根扎得越多、越深，心靈就呈現出越穩定的狀態。

母親午睡醒來，看了看鬧鐘，還不到吃點心的時間，她就躺在床上玩自己的手，也許是在自我復健吧！我從門簾的空隙中偷窺，此情此景讓我想起孩子小的時候，也是午睡醒來，躺在小床上，不吵不鬧地舉起小手，自顧自地在空中旋轉，眼睛一眨也不眨的，彷彿手中有變幻無窮的魔術。真不知道他們當時的小腦袋裡想著什麼，卻在我的腦海裡儲存成一個永恆的畫面！

如今我的一雙兒女，還有弟弟們的一雙兒女，都在母親悉心地撫育之下長大成人了，一個一個振翅高飛，去找尋他們理想中的樂土。母親卻不知不覺成了他們的徒弟，學著他們幼稚時期的舉動，走路要人攙扶，吃飯要圍著圍兜，排泄物要人清理，這也許是「返老還童」的另一注解吧！

每個人都曾經幼嫩，也必經衰老，看著還算遙遠的歲月，倏忽就到了眼前。如果感覺二十年很長的話，那麼換算成七千三百個日子，再感覺一下，就覺得每一天都在追著你跑了。是什麼因緣讓我此時此刻出現在這裡？又是多少個環扣一路牽引著我往前行？真是值得再三玩味啊！

從「因」發展到「果」的中途路上，有著數不清的緣分，就像一個一個的環扣，隨便打斷其中一個，預期中的「果」就會失落了。緣分的環扣拴在「因」上，所以一般都說因緣。「果」是在各項條件具足之下，自動成形的，所以也有人說是因緣果。因緣本身沒有善惡、對錯，是評斷的人見到了惡果，就說那是一個壞因緣，如果他見到了善果，就會說那是一個好因緣了。

我因母親中風的因緣，回到娘家照顧父母，仔細體會老人家若隱若現的不安與恐懼，同時也感受到我存在的意義。先生、女兒就因我離開的因緣，必須自理日常飲食、洗衣、打掃，提前品嘗孤寂無侶、獨立自主的滋味。我們都慎重地打理好心情，探索著有點兒陌生的領域，相互期許著「勇敢地迎向未知」。經過幾個月的驗收成果，我們都自認為運行在一個掌控自如的軌道上，就像地球自轉般的順理成章，人生境界也有很大的提升，彷彿看到了另一片值得開墾的天地。

「感覺身邊的一切都好不真實喔！」先生說：「我不太會形容，就是覺得假假的，好像對於夢幻泡影這四個字，有一點真實的體會了。」

「非常好啊！」我說：「可能你的花瓶有裂縫了喲！這世間本來就是虛幻的，只是大家都誤以為是實在的。」我想起索甲仁波切說過一個比喻，正好趁此機會轉述給先生聽。仁波切說：「好比有一個花瓶，瓶內的空與瓶外的空一模一樣，只是被瓶壁給分隔開了。我們的佛心被包覆在花瓶裡頭，成了凡夫之心。一旦開悟的時候，就好像花瓶被打破成了碎片，裡面的空跟外面的空合在一起了，才發現都一樣嘛！」

我覺得這個比喻非常好，讓我忍不住想要狗尾續貂一番。花瓶怎麼樣才能打破呢？就是東撞西撞地撞出了裂縫，最終遇到致命的一擊，就應聲而碎了。這個花瓶要以什麼為撞擊物呢？就是一連串的災難事件啊！先生聽了我的絮絮叨叨，沉默良久，可能是在虛擬的花瓶與現實的災難中，尋找適當的連結吧！

「其實災難的本質也不壞！」我說：「只是外表上不討喜，說不定轉個身、換個角度去看，也是個滿不錯的因緣呢！」我又想到個實際的例子：那是母親剛從醫院回來，臉上還掛著鼻胃管。大弟在幫母親換衣服時，不小心把鼻胃管拖出來了。「慘了！慘了！」大弟說：「又要上一趟醫院了，我們自己沒辦法裝回去啊！」

「不要急！」我說：「讓媽媽自己吞嚥試試看，我覺得她吞嚥的能力並沒有喪失。」果然，母親因為大弟的一個疏失，願意慢慢練習吞嚥的技巧，最終順利地擺脫了鼻胃管。這一次大弟的失誤，乍看之下是個災難、是個惡因緣，但只要應對得當，很快就轉成了善因緣；不過也不要太早下定論，隨著時日的推移，因緣的環扣響叮噹，誰知道會不會有後續的發展？把一切都看成無常迅速，以平靜的心態、開闊的胸襟來應對，就不會像無頭蒼蠅似的，被唬得團團轉了。

「媽咪！我體會到妳所謂的空間了。」女兒在電話裡說：「妳不在家這段時間，爸爸還是會教導我一些事情，有些說得過火了，我心裡並不認同他，如果在以前，我會去找妳嘀咕老半天；現在無人聽我嘀咕了，我居然自己開發出一套方法，告訴自己說，那是一個善意的勸導，剎那間就讓它過去了，一點阻擋都沒有。接下來正好要吃午飯了，爸爸端出調好的涼麵醬，我嘗了一下，立刻伸出大拇指，開心地說『好醬！』我自己都不敢相信，原來以前會跟自己糾纏不清、兩三天還過不去，都是因為心靈沒有空間的關係！」

「說得好！」我誇讚女兒說：「像這種精神層面的感受，只有自己可以覺察，別人無從得知，也幫不上什麼忙。這一次的沒有阻擋，也是累積了上百次的阻擋，經驗豐富了之後，才突然開竅了。這也表示妳經過長久的歷練，累積了許多碰撞出來的火花，漸漸看清了事情的真相，可以掌控自己的情緒了。」我提醒女兒，將這樣的感悟過程牢牢記住，以後碰到尷尬難堪的情境，就會有一條疏導的路徑了。我可以感受到女兒的歡欣鼓舞，彷彿長年陰溼的房舍，突然開啟了一道窄門，隨著咿呀的開門聲，陽光就這麼潑灑了一地。

這時候我再趁機告訴女兒：「靈魂投生到世間，就是為了經驗、歷練、學習、體悟。每當完成一件事、突破一個困境，就像在動盪不安的靈魂裡，長出一條無形的根，深深扎在看不見的地表上，從經歷中體悟的真相越多，表示根扎得夠多、也夠深，心靈就呈現出穩定的狀態，人也就顯得穩重了。」

「媽咪！妳還真會說比喻。」女兒聽了之後說：「我對重字很敏感的，我只要穩不要重啦！哈哈哈！」我無法得知女兒能領會多少，只覺得她的笑聲充滿了欣喜的感染力。

原先感覺放著先生、女兒在臺北生活，內心隱隱有些不捨與虧欠，而今見他們各有領悟，反而對這樣的因緣際會，興起滿滿的慶幸與感恩！

師父在開示中教導我們，要用直覺去感受因緣，因為因緣所涵攝的層面非常廣，同一件事會隨著你的認知、你觀察的角度、你在意的程度，而呈現出不同的面貌。每個人感受的能力大不相同，有人擅長聽覺的感受，有人擅長視覺的感受；有人只顧著跟自己商量，完全不顧別人的感受。單單一個人就有千萬種樣貌，再加上涉入事件的其他人，他們的感受也很多樣，彼此交互影響，使得整個因緣變得既豐富又複雜。

如果你用概念式的、邏輯性的思維，去應對世間的人事物，那就等於把自己限制在一個小範圍裡，應該這樣、不應該那樣，你會有太多的主張、太多的造作，業報都是這麼造作出來的。如果你用直覺去感受，你就能說出最合適的話，乃至對方聽到之後的感受，你也都能感覺到的時候，那就是隨順了因緣。

我在南部照顧母親期間，正好碰上報稅期，先生對此很頭痛，就把稅單帶下來讓我處理。我說：「好的！我報完稅之後，直接掛號寄到國稅局，沒你的事了。」我話一說完，就感受到他立刻「龍心大悅」，整個人都輕鬆了。

先生回臺北要順道去看大伯，我請他帶兩份道場的刊物給大伯。他說：「大哥會看嗎？妳確定要送給他嗎？」我一時無語。心想：我又不是大伯，怎知道他會不會看？我送給他是我們之間的因緣，他看與不看，是他跟佛法的因緣。當然，這中間還包含了個人的福報；有此因緣無此福報，也是枉然！先生見我不吭聲，立刻有所警覺，連忙說：「好！我會帶給他，也會叮嚀他要好好地看！」人哪！就是想得太多，沒辦法做一個稱職的環扣。或許大哥輪迴多世，就是在等待你這一個環扣，給他接續上一陣甘露法雨呢！

我慢慢練習著領會因緣的奧妙，親身經驗到很多人事的變遷，真的沒有誰對誰錯、誰好誰壞，只是因緣的瞬間改變而已。記得那時，我們每天帶母親去針灸復健，翁醫師是我在黃昏市場上打聽到的，她的診間沒有招牌，設備簡陋，完全是靠口碑招徠病患。她盡心盡力地為母親針灸，每趟收費五百元。爸爸將此事告訴了隔壁大樓的鄰居鄧先生，鄧先生覺得長期復健，這樣的花費不太經濟，於是推薦了一位王姓中醫師，醫術不錯，又有健保給付，每趟只要掛號費五十元，他的診所離家又比較近，所以我們決定為母親更換針灸醫師，母親也欣然同意。

翁醫師有什麼錯呢？沒有！是鄧先生的適時出現，讓因緣的軌跡改變了。大約是針灸的學派不同，翁醫師剛開始是扎有知覺的一邊，說是十次以後再扎無知覺的一邊。正好讓她扎了十次，還沒來得及換邊扎呢！我們已經換醫師了。王醫師一開始就扎無知覺的一邊，所以根本不會痛，很令母親滿意；又說幾個療程之後，狀況就會大為改善云云，都是病患最愛聽的話，於是就把母親的心安定住了。弔詭的是，鄧先生促成此事之後，卻因為別的因緣與我家疏遠，再也見不到他的身影了。

爸爸一向不開口則已，一開口就是責備、嫌棄，弟弟們都避之唯恐不及，我卻十分珍惜這個老天安排的因緣。

「妳這個懶丫頭！」爸爸說：「瓦斯爐被妳用得那麼髒，也不曉得刷一刷、洗一洗。」看來爸爸真把我當臺傭了，我為自己申辯的念頭一閃即過，接著就把注意力放在「隨順因緣」上，心態頓時翻轉成：沒有善惡對錯、沒有應該不應該、沒有冤枉不冤枉，只有一句陳述現實狀況的話語，迴盪在空氣中。爸爸這句聽起來像責備、又像發牢騷的話語，從我耳邊輕輕飄過，沒有真正進入心裡，得不到我情緒能量的灌注，顯得十分單薄。再次浮上來的念頭是：我都六十多歲了，還被爸爸喚作丫頭，感覺到一股濃濃的幸福滋味。

「我沒看到啊！」我說：「等我有空就來洗一洗吧！」

「不用啦！」爸爸說：「等妳洗還不知等到哪一年呢！我已經幫妳洗好了。」

「那就謝謝您幫忙啦！」我打從心坎裡發出的輕鬆語調，讓爸爸也忍不住笑了出來。

類似的事件層出不窮，包括浴室無人刷洗、廚房無人整理等等。我才略微透露：這些粗重的工作，先生都會幫我做，所以我沒有習慣主動做這些事，但是爸爸要求我做，我也會練習著去做。爸爸這才恍然大悟地說：「妳還真好命呢！」

「是啊！」我不改頑皮地接口說：「所以我一向挺認命的！」

雖然我對打掃環境不太拿手，但逗母親開心我是一流的好手。母親有時想尿尿，坐上便盆椅卻尿不出來，滿臉的懊惱。我說：「不要緊的，我們這一次是尿尿演習，不是真的尿尿啊！」母親立刻笑出聲來，還滴了幾滴口水助興。母親有時要分三次才尿乾淨，間隔的時間長短不一，有時才尿了兩梯次，她以為結束了，示意我將便盆拿去沖洗，姍姍來遲的第三梯次，只能散落在地板上，她也感覺很錯愕、很無奈。我說：「這樣很正常啊！第一批是先鋒部隊，第二批是正規軍，最後來的是後勤補給，人家沒有搞錯，是我們撤守得太快了些。哈哈哈！」母親聽了我的解說和笑聲，感受到我毫不介意地板上的尿漬，也不由得滿臉笑容，卻作勢要拍我的腦袋，因為這個腦袋太聰明啦！

人生數十寒暑，通常碰不到幾件有價值、有意義的事情，會讓人不計代價、義無反顧地去做。所以一旦碰到了還猶豫什麼呢？留下來照顧年邁的父母，是我情感與理智的綜合選擇，雖然這個選擇以親情為基調，但主旋律中有「隨順因緣」的實際操練，也有「修行成道」的終極意涵，且看因緣如何跌宕起伏、展現神來之筆。我只要掌握住不期待、不規劃、不造作的原則，隨波逐流、順勢而為即可。

有一首歌叫做〈月亮惹的禍〉，因為「那樣的月色太美、你太溫柔」，以致於讓我「剎那之間，只想和你一起到白頭。」那是由於現在的結果，造成我的傷害、困擾、煩惱，所以就怪罪當時的月亮了。如果現在的結果，是令我滿意的幸福家庭，那也要歸功於「都是月亮造的福」囉！其實，因緣也沒有惹禍，月亮也沒有造福，禍福都在你的一念之間啊！

小感悟：好事壞事，都是養分

外境變幻莫測，呈現出一道因緣的軌跡。因緣本身並無善惡，端看你如何應對。你可以立刻反擊，或者按兵不動，乃至主動迎上前去表達善意。總之，你是有選擇權的，你的選擇決定了你的成長或墮落。

衹要發生在你面前的事，全都是你吸引來的。所以你必須認真地面對，全心地投入其中，做到令你自己都感動萬分，忍不住點讚！那就是成功，就是幸福，禍福真的只在一念之間啊！

單純的美好

單純地看著每一件事物的存在、每一個人的呈現，站在欣賞的角度，總能看出他獨一無二、充滿個人風格的美好。

昨天剖開一個小玉西瓜，中間爛了一大片，爸爸說：「沒關係！妳用塑膠袋裝起來，我明天去跟他換一個。」

「都買回來、切開了，人家還肯換給我們嗎？」

「沒問題啦！」爸爸很有信心地說。果然今天換回了一個西瓜，還把昨天煮了半斤難吃的花生，另外的半斤也去換回了一片冬瓜。

「怎麼那麼好？爛掉的、難吃的都可以換。」我有些不敢置信，或許是南部民風淳樸，也或許是爸爸年歲大了，人家單純只是敬老，讓老人家滿意而已，三、五十塊錢的東西，誰會去斤斤計較呢？

「怎麼買那麼多龍眼啊？」

「四斤一百塊啊！我就買了一百塊。」

「也可以買兩斤五十塊啊！」

「喔！放幾天慢慢吃，沒關係啦！」

「怎麼又買那麼多肉啊？」我說：「冰箱裡還有很多呢！」

「市場貼出告示，說是中元節三天不賣肉啊！所以我先多買一點。」

「那與我們不相干的。」我說：「市場一個禮拜不賣肉、兩個禮拜不賣肉，我們都有肉吃！」爸爸沒有答腔，一時之間氣氛有些凝滯，我趕緊回頭檢視自己的情緒狀況，依然寧靜平和，但有一點失去了喜悅。唉！市場上不認不識的小販，都不與年邁的老人計較，我與爸爸還有什麼好囉唆的呢？一切照單全收就是了。想想看，多少老人都活不到八十六歲，即便活到這個歲數，也有相當比例罹患了失智症，爸爸還能上市場買菜，真可謂人中極品了。

「我來分類註記一下。」我刻意笑容滿面地說：「免得冰太久，都分不出來是什麼肉了。」其實，冰箱早已經塞滿，分不出張三李四了。

「不都是豬肉嗎？」爸爸話才出口，立刻會意過來說：「喔！有燉湯的排骨肉、紅燒的梅花肉、還有炒絲的里肌肉，我想起來啦！」從爸爸略顯高亢的嗓門中，可以體會出他的情緒，依然沉浸在食物豐沛的氛圍裡。

菜販們對爸爸的寬容，讓我眼前浮現出一個溫馨的畫面。那是我幼年住在嘉義鄉下，還沒有到上學的年齡，也沒有機會上幼稚園，就在居家附近遊蕩。每到下午四點多鐘，肚子就開始餓了，循著空氣中瀰漫的一縷香甜，不知不覺站定在老百姓的廚房門口，看著鄰居的阿姆煮地瓜餵豬。當時全村都是臺灣同胞，只有我們一家是軍人眷屬，所以爸媽都稱他們為老百姓，我當時一定以為老百姓是一個不同的人種。

我的小腦袋想不通，為什麼豬要吃那麼好吃的東西呢？我從小就有一雙大大的眼睛、一對大大的耳朵，滿可愛的樣子。鄰居阿姆就從大鼎中撈出一個地瓜來，給我解饞兼充飢。我當時也不懂臺語，鄰居阿姆也不懂國語，以至於無聲勝有聲，小小的心靈非常滿足，以為這就是大人與小孩的溝通方式。六十年過去了，我還記得那淡紅色的瓜皮、淡黃色的瓜肉，伴隨著燙手的觸感，就這麼豐富了我懵懂的世界。

我已經很久不提出問題了，因為我感受到：日常生活中的疑問句，經常被聽成抱怨句、或者責備句；一不小心就會造成不愉快的場面。況且我這個當廚子的有廚子的立場，爸爸這個當採買的有採買的主張，彼此睜一隻眼閉一隻眼，不要有壓力就好，反正這個物質的花花世界，從長遠的角度來看，塵歸塵，土歸土，終歸都是虛幻的。倘若每個人都站在自己的立場去要求別人，家庭、社會，乃至世界豈有寧日？最好的方式就是：單純的看著每一件事物的存在、每一個人的呈現，站在欣賞的角度，總能看出他獨一無二、充滿個人風格的美好。

菜買多了又如何？爸爸有買的欲望，就要讓他得到滿足啊！至於如何處理多出來的菜，那是考驗我的應變能力，一碼歸一碼，並不是他買多了，害我無法處理。這裡面並沒有因果關係，把這樣的邏輯搞清楚了，就不會有懊惱、沮喪、悲傷的情緒升起。反正出現在你眼前的，就是你自己之前安排的功課，專心一意地做好它就是了。不在眼前的事物，也不要去攀緣，徒然浪費能量資源，說不定還遭來「一頭熱」的譏諷。事情過去了，無論是美好的還是噁心的，都不要再去回味、叨念不休，把自己當作一面鏡子，而不是照相機。

大多數人的臨場反應都是隨順慣性，就像開關一樣，只要一被碰觸到，一定反彈到固定的高度，沒有任何商量的餘地。我覺察到了這個狀況，就要反其道而行，在凝滯的場景氛圍中，體會無分別、無條件的愛。因為我要學習的就是這個，我的教室在這裡，我的老師正在對面。一旦有了學習體驗的心態，自然就不會隨對方的反應起舞，在對方的議題裡打轉了。好比爸爸接到水電費的單據，脫口而出：「水費增加了一倍多，太浪費了吧！」弟弟們聽了都很不是滋味，心想，我們回來照顧母親，每天累得滿身大汗，總要洗澡吧？母親尿溼的被褥總要清洗吧？為何拿增加幾百塊的水費來責怪我們浪費呢？

我理解這是爸爸節儉的習性，在接到單據的剎那間，開關就啟動了，言語就出口了，根本顧不到別人的感受。他也無意責備誰，只是展現他自己的感受而已。我把實情陳述出來，讓他知道家裡增加了照顧的人手，增加了待清洗的衣物，水費增加是很自然的事情。這件事就淡淡地過去了，感覺真像鏡子一樣，習性閃現出來，見到了光，被光理解了之後，習性又黯淡下去。誰知道甚麼時候，開關又啟動了，習性再次閃現，能不能及時見到光、見到鏡子呢？就看當時的因緣了。

要成為鏡子、成為光，就要有一個翻轉的念頭、一個體驗的心態、一個停頓的空間。真的只要停頓個幾秒鐘，原本會造成難堪、尷尬，或者心理上的陰霾，都會像船過水無痕一般，被暖化、稀釋得無影無蹤。我也是從一個普通的場景體悟出來的。

有一天早晨天氣有點陰涼，我從陽臺收回一件長袖衫來穿，一穿上身就想脫下來換一件，因為潮溼的感覺讓我很不舒服，可是母親正好發出咿咿嗚嗚的聲音，我急忙跑下樓去應對，就把換衣服的事耽擱下來了。等忙完一陣、想起來要換衣服的時候，已經感覺不到潮溼，我猜想是我的體溫將它暖化了。母親適時的呼喚，就是一個轉變的機緣，給了長袖衫轉圜的空間，讓它可以被暖化，安安穩穩地待在我身上，沒有被汰換掉。

有些人就像這樣一件長袖衫，在陽臺上待久了，無形中沾染上一股潮氣，以人做比喻的話，就是養成了一股習氣，讓人一靠近就感覺不舒暢，或者有一股無形的壓力，恨不得立刻擺脫掉他。這時候，不妨耐著性子多等一會兒，看看會不會在時間、空間的轉圜之下，習氣慢慢淡化掉，就像潮氣被蒸發掉一樣，露出他原有的本性。這樣一個停頓對雙方都有好處，他有機會覺察到自己的偏見與不成熟，你也有機會提升自己的能量、開闊自己的胸襟啊！

另外有一種人是堪憐憫的，他一張口就把自己的缺點、醜陋面暴露出來，自己還渾然不覺，在他暴露自己缺點的同時，或許也傷害到了你，這時要更加憐憫他，不要怪罪於他，因為不知者無罪呀！你要理解到：不是他有意要得罪你，而是業力的牽引，他自己也控制不住啊！通常這種人都是來示現給你看、表演給你看的。一旦被你遇到、覺察到，就要感恩上蒼的慈悲了。

有一個場景是這樣的：餐桌上有一灘水漬，女兒拿了抹布過來，先在別處擦呀擦的，我走過去用手指了指水漬，沒有開口說話。女兒立即開口說：「我就是要來擦這裡的。」我感受到她好像有些不悅，是嫌我多管閒事嗎？我想，她可以點一點頭，不用開口，也可以說一個好！為什麼她要強調她的本意呢？她的本意有那麼重要嗎？我的提醒與她的本意正好相同，那不就天下無事了嗎？她一開口就凸顯了自己，同時把我的好意「作廢」了。

這一覺察對我來說很有意義，當你說出「我」的剎那間，就把自己與別人區隔開了，當你說「你」的剎那間，也把自己與別人區隔開了。難怪有大師說：「你可不可以別說你呀！我呀！你說『我們』試試看！」我試過了，當我要說我們的時候，這句話好像就不用說了。人世間原本就沒有那麼多話需要說的，也沒有那麼多事非恩怨的，都是因為話太多、區隔太頻繁、誤會層出不窮，才造成了諸多煩惱。

我在這個場景中得到的啟示是：在「說你道我」之前，稍做片刻的留意，有必要那麼區隔嗎？用「我們」來取代看看，是不是語氣就和緩下來了？是不是很多誤會都不會發生了？答案是肯定的，屢試不爽。

我在母親灰白的髮叢間，嗅到了淡淡的洗髮精香味，那是下午我親自幫她梳洗的。藍色小碎花的睡衣褲，寬鬆地遮覆著她胖胖的軀體。我正想將她抱上輪椅，推出去晒晒太陽，她卻重心不穩似地，撲在了我的身上，左手緊緊摟著我的脖子。

「沒關係！我在這兒扶著呢！」我輕輕拍著母親厚實的背脊，母女倆就這麼緊緊地擁抱著，時間彷彿靜止了一般，母親慢慢將我推開了一些，看著輪椅搖搖頭，視線飄向床腳邊的助行器，我立刻心領神會、緩緩扶她坐在床沿，把輪椅收拾妥當了，拿過四腳的助行器來，重新托起她七十多公斤的身軀，把助行器的把手交在她的手裡，像攙扶著老佛爺似地，母女倆亦步亦趨地朝著客廳邁步！

自從母親中風、右半邊失去行動力之後，這樣的場景就像重播的電視劇一般，每天上演好幾回，持續一年多來，變得非常流暢而有默契，只是內容顯得單調了些。若希望劇情有些起伏跌宕，就要自己發揮創意，加入一些橋段了。

我習慣穿一雙船型襪，再套上拖鞋，這樣方便隨時行走於室內、室外。可是船型襪的設計並不適合穿拖鞋，穿著穿著腳後跟就露出來了。有一回母親見我抬著腳拉襪子，笑得合不攏嘴，我記下了這一招，每當母親表情木訥時，我就故意在她老人家面前拉襪子，逗她開心！

每天幫母親點兩次眼藥，先點紅色的藥水滋潤眼球，再點白色的藥水抗過敏。有一回點完紅色的藥水，隨手放在小茶几上，由於茶几上鋪著毛巾，藥水瓶太輕又太矮，一放就倒了，再放又倒了，母親看了嗤嗤發笑，彷佛嫌我笨手笨腳似地。原來一個小小的動作，就能給母親帶來喜悅，這是多麼單純的幸福啊！

「玉兔宅急便」是我自創的品牌。創意發想於：我是屬兔的，每天「宅」在家裡，母親一內「急」，我就端著「便」盆椅躬身請安道：「玉兔宅急便來也，太后老佛爺吉祥！」母親每天觀賞清宮皇室的連續劇，難得在自家宅院也能虛擬實境一番，笑得假牙都快掉出來啦！

「妳真的決定這麼耗下去？」朋友見我一年多都不回臺北，有些不可置信地問我。「不是耗下去，是無條件地愛下去啦！」我無法三言兩語說清楚我的信念，我感覺離開繁華的臺北，來到臺南府城，與高齡病苦的父母一起生活，讓全家族的人都放心，我也很滿足、很有成就感。

就像在下圍棋的時候，一顆子擺放在恰當的位置，整個區塊都活了起來。我就是那顆單純的棋子，讓整個家族正常運作，而我也真正體會到：當你真心對一個人好，就是對全世界的人好，也是對你自己好。這些不再是語言文字，而是內化到我心的深處。

自從母親病倒了之後，爸爸兩、三個月內瘦了十幾公斤，到現在還沒有恢復過來。原來上了年紀的人，常常調侃自己是「一把老骨頭！」還真有點寫實的意味呢！我相信，老天爺替我安排了這樣一個溫馨的場景，就是要我親自去看、去聽、去聞、去嘗、去觸摸；同時去感受、去思維、去創造。我竟然是如此體察著老天的心意，想必老天也是深感欣慰的啊！

小感悟：換一個欣賞的角度

跟別人起衝突時，先接納下來，換一個隨喜欣賞的角度，才能看到事件背後的動機。當你能同理對方後，再來平靜和緩地處理現況，就會像風吹楊柳、水泛清波般地不帶一絲煙火氣了。

有些人事物的出現，衹是表演給你看而已，目的是在增長你的見識。你衹要隨喜觀賞即可，並不需要開口表態。人世間，原本就沒有那麼多話，需要一一說出口的。

演一齣接納的戲碼

生活中長期的、沒有被轉化的情緒，都會在更深層的無意識中累積，一旦到達了飽和量，就會自己尋找缺口，像水庫洩洪一般地宣洩而出。

當印尼籍看護將母親的吃喝拉撒、藥品針劑都應對得宜、運作上手之後，我就可以鬆一口氣，每個月南下慰問一番，將看護的薪水結清，再補充一些烹飪上的教學實習，就可以賓主盡歡了。

感覺上，一切都展現著順遂與圓滿。殊不知無形的冤親債主，也在積極籌備運作著，想在我這齣孝親的戲碼上軋一角，讓整個劇情高潮迭起，才會令觀眾產生畢生難忘的效果。

我邀約先生陪我一同南下，因為半年沒見到岳母了，他也十分想念。有他開車送我，正好把儲藏十幾年的圍棋，整套運回來送給爸爸，替換他已經變質的棋子，和多處用膠帶修補的棋盤。爸爸收下之後檢視一番，未置一詞。

第二天爸爸就令我清理冰箱，把看護不會做的菜餚，教她做一做。還有，看護做的黃魚也不好吃，要再加強訓練一下。於是我把冰凍多時的海瓜子、豬腳、豬膝蓋骨拿出來，該燉的燉，該炒的炒。

第三天，爸爸令先生幫忙整理四樓儲藏室，並把看護叫去協助，做菜的工作就由我負責了。我只見看護運出去一個又一個的空紙箱，需要整理的、裡面有雜物的紙箱，她就暫放在客廳裡。整理告一段落之後，我問她先生在哪裡？她說在休息，我問老闆在哪裡？她說也在休息。

我把菜做好了之後，上樓探望一下先生，先生好像睡得很熟，我就沒有打擾他，過了二十幾分鐘我又上樓，先生才有氣無力地跟我說：「剛才非常危險，我差一點就掛掉了。我覺得可能是缺氧、有點不舒服，眼前一黑，接下來就失去意識，整個人怎麼坐到地下的，自己都不知道。」

「爸爸有發現到嗎？」我問：「他的反應怎麼樣？」

「爸爸發現我不對勁，問我怎麼了？我說我缺氧、不舒服。爸爸立刻打開電扇讓我吹，又叫我先去休息好了。」

「所以你就下樓休息了？」

「沒有馬上下樓。」先生說：「我全身大汗，一點力氣都沒有，還有一點噁心想吐，就在原地坐了好一會兒，等有把握了才下樓，我身後靠著的一個紙箱子，也都汗溼透了。汗還一直在流，我也不能馬上躺下來，就在藤椅上坐著，等汗流得差不多了，用毛巾擦一擦身上的汗，才換了一套衣褲，躺下來休息。藤椅周圍的水都是我滴下來的汗。」

「那你就再躺著多休息一會兒，等完全復原了才下樓吃飯。」我安撫了先生幾句，就把他換下來的、完全溼透的衣褲，拿到樓下給爸媽看，讓他們知道剛才發生了危險的事。媽媽摸了摸先生的衣褲，用手拍了拍胸口，表示受到驚駭，不可置信。爸爸沒有動作，只說了句：「沒想到他的身體比我還差！」

我等先生身體緩過來、自己下樓吃飯時，才詳細問他事發經過。他說爸爸要他拿吸塵器，上四樓把地毯吸乾淨，等他快要吸完畢時，發現有一小塊地方破了個洞，爸爸就說那不要吸了、拿出去丟掉好了。那時他的體力已經有些不濟，地毯上還壓著一些箱子，有些箱子連看護幫忙也搬不動，他就不想搬動太重的箱子。他建議爸爸暫時不要搬箱子，可以把不要的地毯剪下來丟棄，被箱子壓住的地毯以後有空再清理，爸爸當時沒有採納，他只好繼續搬箱子。

接下來做了甚麼舉動，他一時也想不起來，總之，有一段失去意識的空白，在爸爸眼中看來是臉色發青。

「好奇怪耶！」先生說：「就那麼幾秒鐘失去意識，竟然還作夢呢！」我問他夢境清楚嗎？他說不清楚，亂七八糟的，只知道是作夢而已。

「我猜可能不是作夢，而是生命的回顧。」我說：「因為時間太短，所以夢境雜亂不清，若是時間長一些，你就會清楚明白了，不過明白之後，你可能就回不來了。」

「這就是有心臟病唯一的好處。」先生說：「走的時候沒有痛苦，說走就走，乾淨俐落。」

「來得及念阿彌陀佛嗎？」我問：「有機會觀想釋迦牟尼佛嗎？」

「來不及！沒辦法！」

「那有甚麼好處？」我說：「還不是進入下一個輪迴。」我問先生事後有埋怨爸爸的意思嗎？他說沒有，自己身體出狀況，埋怨老人家幹甚麼？我說我也不會怪爸爸，我會當成你今生責任已盡，脫去這一具不圓滿的肉體，回歸你原本的靈體。後面的事我會好好處理。

「你的喪禮要邀請哪些人來？」我一時興起：「最好你能先規劃一下，擬出一份名單來，每隔幾年做修訂，把先你而去的人名字劃掉，這樣就能如你所願的，看到一些你喜歡的親友，在喪禮上與你道別。」先生說他早就在規劃了，只是還沒公布而已。

我們把冤親債主、或死神臨時來軋一角的家庭劇，當作臨終的實習來演練，心態調整得很平和，先生對於「人命在呼吸間」也有了更深的體會。我轉念一想，這或許是佛菩薩的善意提醒，先生的心臟血管可能藏著危險因子，需要做進一步檢查，我和爸爸只是陪著他演了這一齣而已。

第四天，爸爸對我展開了攻擊。不知何故，爸爸總喜歡在飯桌上發難，大量釋放負面情緒，把一家人的胃口倒盡了之後，他自己也不見得好過。弟弟們被罵過幾次之後，就跑得遠遠的，不輕易露面，爸爸也拿他們沒辦法。

我相信爸爸也知道餐前發脾氣不太好，但他沒有自制的能力，抱怨的話語自動就從嘴裡流洩出來，等到千帆過盡，驀然回首，才發現物是人非；他抱怨的事情還在眼前，他抱怨的人已經不見了。

「妳自己看看，回來兩三天了，桌上的菜色都沒有變化，還是讓阿米娜做這些菜給我們吃，妳就不能花點腦筋，給我們換換口味啊？」爸爸板著臉說：「指望妳回來能吃點好菜，結果卻還是這樣，每天都在弄妳的電腦……」

「我回來增加了不少菜啊！」我說：「黃昏市場有現成的自助餐，好吃又便宜，我都叫阿米娜不要做菜了，我每天去買幾樣來，大家不都吃得很開心嗎？」

「妳就會懶省事。」爸爸說：「甚麼都指望阿米娜，那妳回來跟不回來有甚麼兩樣？叫妳看一看冰箱，有甚麼阿米娜不會做的菜，妳看了沒有啊？明明有現成的白菜，妳為什麼不做出來？每天吃這些菜，膩不膩啊？」

我心想，冰箱裡的海瓜子，不是已經做出來吃掉了嗎？番茄也用來炒蛋了，白菜預計要用來炒年糕，總要一樣一樣的來，不能一口氣全做出來呀！眼角的餘光掃到阿米娜，她在一旁聽爸爸數落我，一溜煙地跑回臥室去。我心想讓她聽到也很好，她的心態會平衡一些，知道老闆不是只會罵她，罵起女兒來也是很兇的。眼看老掉牙的戲碼又上場了，我起身說：「現在還不餓，我等一下再吃。」

暫時離開餐桌，是我的直覺反應，一方面是為了轉移彼此的注意力，不要在負面的氛圍中傷害了對方，再方面也是為了維護彼此的消化系統。

佛陀曾經說過，如果你送禮物給別人，而對方不接受時，你勢必自己把禮物拿回來。當時爸爸給我的負面能量，我若是不接受，恐怕這股能量會回到爸爸身上，所以暫時迴避一下，爸爸失去了指責的對象，或許就會安靜下來了。

每個人每天都在相互傳遞著不同的能量，當你負面能量累積太多的話，自然就無法接收正面能量，反之亦然。我渾身攜帶著滿滿正面能量，些許負面能量也攻不太進來。這根本就是宇宙自然法則，沒有誰在裡面操作，也不是誰規定的。

消化系統的運作也是一樣，沒有色香味俱全的飯菜，爸爸的胃口就不啟動，情緒也跟著失控，這時找個人罵幾句，是有助於宣洩的。我受到責難之後，立刻開啟了一個觀照的契機，我可以趁此機會，練習一下接納的功課，或者是演一齣接納的戲碼。就是把爸爸呈現給我的照單全收，據說接納之後，傷害就沒有了，你我的邊界也會模糊掉，慢慢就能產生一體感，伴隨著強大的能量。

我在實際的操作過程中，發展出一套思維模式：他不是針對你，他在你身上甚麼都沒有做，他只是展現他自己給你看。你看過之後就立刻放下，也不要去批評、回應，因為那不是他需要的，對彼此也沒甚麼好處。

一旦這套思維模式熟練了，心靈的空間就會擴大，在別人無法控制情緒、有爆發性演出的時候，你可以看清楚整個劇情的發展，懂得退一步、轉個身，不會太入戲，更不會與對方糾纏不休。

通常對於已經發生的劇情，我不會去多做解釋，因為每個人的角度、立場不同，看到的內容就不同。我只要專注在自己身上，看看心情有沒有受到外在的影響，不要讓自己處於負面情緒之中，也不要把昨天的情境拿到當下來做對照。好比說，你昨天差一點把我先生整掛掉了，我都沒有埋怨你一句，今天桌上沒有你喜歡的菜，你就對我發脾氣。

我的情緒我做主，我當下選擇以愛來化解這樁已經發生的事件，而不要以賭氣的方式做回應。嘿！果然有能量從腹部升起，很溫暖的一股覺受，伴隨著微微的震動，沒有委屈、不安；也沒有疑惑、不滿的情緒，倒是有一些悲憫、體恤的情感星子，在空氣中飛舞波動。

爸爸喜歡吃我親手做的菜，早說嘛！何必生氣呢？我下午四點多鐘，就去黃昏市場買些蝦仁來炒韭黃，再買些茭白筍來炒肉絲。我不去在意爸爸充滿了指責、抱怨的表達模式，而去看他所表達的主旨，喔！就是想吃一點不一樣的好菜嘛！那有甚麼困難呢？在我刻意地安排之下，很輕易就達成任務了呀！

爸爸看著晚餐桌上的菜色，的確有了明顯的變化，表示我是一個受教的女兒，他就不再開腔了。這也是他的一貫模式，感覺滿意了就不吭氣，不滿意就責備，至於滿意與否的標準，藏在他的心裡，要當下顯化出來，變成陰沉沉的臉色，加上劈頭蓋臉的責罵，你才知道他是為這個在生氣發火。我當下有一個清晰的領悟，日後絕不讓兒女去猜測我的心意，我想要甚麼就明白告訴他們，省去他們猶豫不決、斟酌再三的心力；我不想要的，也委婉表達清楚，免得他們徒勞無功、浪費金錢。

第五天，天氣陰雨，我為了鞏固、延續爸爸的好情緒，一早就騎著單車去市場買菜，除了色香味的搭配之外，分量的拿捏也是一大學問，因為爸媽的食量不大，做多了全部剩下，剩菜吃起來更是沒胃口。大概是我的思緒太龐雜，或許是市場的人聲太喧嘩，再不然就是出門吹到風了，害我頭疼了兩天才好，想想真是不上算，但還是要誠心的接納，好讓這場家庭劇圓滿落幕。

我是帶著愛的能量回來的，可惜爸爸沒有感受到，因為我的愛一開始還滯留在靈性層面，並沒有顯化到物質層面來，而他的注意力都放在物質層面，尤其是飲食上的需求特別強烈，我沒有適時覺知到、滿足他，於是，他不滿的情緒就被我引發了。也許這種不滿也不是來自一端，因為生活中長期的、沒有被轉化的情緒，都會在更深層的無意識中累積，一旦到達了飽和量，就會自己尋找缺口，像水庫洩洪一般地宣洩而出。

還好，我心靈的空間夠大，知道這是一齣家庭劇，鏡頭轉到我的身上，就是我要賣力演出的時機了，要演成兩敗俱傷的悲劇，或者圓滿和樂的喜劇，全在我的一念之間啊！無論劇情如何發展，我的靈魂都感到很有滋味，因為它要的就是刺激、體驗。我演得越好，靈魂就越感到雀躍，無形中我也能得到莫名的喜樂。

我有意識地把自己形塑成一個正面、積極、開朗、覺醒的女性，適時扮演著女兒、妻子、母親的角色，明確地告訴自己：這是一個虛幻的世界，我的外面根本沒有別人，他們全都是我內在素質的投射，只要我內心平靜祥和，我的振動頻率自然會提升，頻率一旦提升，光芒立刻展現，只要有我在的地方就有光明、就有能量，冤親債主根本無機可趁，更別說在我的演出中亂添戲分了。
冥冥中彷彿看到，靈魂在我的臉書上按了三個讚！讚！讚！

小感悟：人生如戲，你可以決定自己的角色

把人生當作一場劇，我們只是其中的角色，日子會輕鬆一點。一口氣上不來，就是天人永隔了，所以，別把生活中的角色演得太認真、太吃力。

偶爾對手有脫序的演出，別以為對方是在侮辱你，朝著你發脾氣，其實他祇是在展現他自己而已。你不必在乎他的即興演出，而要懂得退一步海闊天空，往往劇情會因為你的一個轉身，而由悲劇改變成喜劇。

當你決定自己參與的是一齣家庭溫馨喜劇，你的內心充滿了愛，但若是沒有用語言、動作、乃至禮物作為表達，對方經常是收不到的。你禮物送了、彼此擁抱了、把愛說出口了，至少做到其中一樣，才算是把無形的愛，顯化在了物質層面。

母親節的情境教學

我只要不對號入座，任何人的論斷都與我毫不相干。不是誰對誰錯的問題，而是最終都會消逝，何必糾纏在一起呢？

母親節快到了，我醞釀著要回臺南陪八十八歲的母親過節，於是跟先生、女兒、兒子商議，讓我回去一個禮拜陪陪老娘，我們家的母親節順延一週。全家無異議通過，我就開開心心地訂好了來回票，回程的時間正好趕上母親要看內分泌科，我就承諾陪母親去看病，把車票延後一天，圖個皆大歡喜。

沒想到回到臺南，進門迎接我的第一個難題是，外籍看護阿米娜要回印尼了，說是她媽媽生病，孩子沒人照顧。其實經過仲介的轉述，才知道是爸爸待她太嚴厲，多吃了一個橘子就被發現，早餐的餅乾、泡麵也要她自己買，種種的不順心讓她不想再做了。即便我一回到家，就幫她買上了蘋果、餅乾、泡麵，又替爸爸說盡了好話，還是無法挽回她離去的個人意志。我只能察言觀色，找機會勸導一番，盡人事聽天命了。

母親節的上午，爸爸興沖沖地買了蛋糕來慶祝，仲介正好來了解狀況。他告訴我們說，阿米娜的去意甚堅，留是留不住了，退而求其次，他希望讓她回去一個月，再請她回來繼續做。我也在一旁敲邊鼓，承諾說爸爸會善待她了，不會再罵她了。阿米娜只是傻笑著，做著返鄉的打算，頻頻詢問機票要多少錢

「她說甚麼你們都相信。」爸爸說：「我怎麼會為了一顆橘子罵她呢？我是讓她吃別的，橘子留給妳媽吃。」

「你罵她，她也未必聽得懂。」我說：「她是看你的表情、聽你的口氣。你只要指著她聲音大一點，她就認為是罵她了。」

可不是嗎？一路走來，爸爸都認為不是罵，可是孩子們、孫子們都認為是罵，一個一個都離得遠遠的，如今連來幫忙的看護都留不住了。母親幾度要離家出走的畫面，從我腦中快速閃過，弟弟氣得發抖的景象歷歷如繪，看護被罵得淚眼婆娑的場面，也讓我看得膽戰心驚。

「妳就相信阿米娜，不相信我說的。」爸爸似乎要衝著我來了。

「阿米娜沒說甚麼啦，是我自己用同理心知道的。」我說：「你都會為了一張

衛生紙，論斷我是個很自私的人，為了一個橘子說阿米娜偷吃，也很合理呀！」

正好那天上午我上樓梳洗，爸爸在洗手間裡面以責備的口氣說：「衛生紙沒有了，妳都不曉得補上啊？」

「我不知道啊！」我說：「我下樓去拿一包上來就好啦！」我不以為意，依然聲音輕快地說。

「哼！要是妳沒上樓來呢？我不就難看了。我看妳就是個很自私的人。」

我的天！只為了一張衛生紙，就論斷我是個自私的人。我覺察到有一個「不以為然」的情緒冒出了頭，我像對待老朋友一樣地看著它，它也隨興地瞥了我一眼，立即閃身而過，留給我一個對情緒覺知的複習題。

有一種人是完全跟隨自己的情緒起舞，一生的喜怒哀樂都受情緒主導。另一種人是習慣壓抑自己的情緒，彷彿拙於表達，羞於見人，卻不斷折磨著自己。我自認是屬於第三種人，全然地接納情緒，欣然地面對它，並企圖超越它。我只要不對號入座，任何人的論斷都與我毫不相干。不是誰對誰錯的問題，而是最終都會消逝，何必糾纏在一起呢？擺脫掉情緒的束縛，才能快樂過日子啊！

直到看護偷吃橘子的事情發生，我才趁著爸爸記憶猶新之際，拿出來當作同理可證，爸爸一時之間也無話可說。我又進一步提供資訊給他：「如果我很自私的話，就不會出現在這裡了。同時也不會每個月代墊外籍看護的薪水了。弟弟們很願意負擔費用，但暫時手頭比較緊，讓我代墊一陣子，等兩年後有錢了再還給我。我怕你對他們印象不好，所以一直沒告訴你。誰出錢不是那麼重要，有孝心比較重要啦，我對弟弟們還滿有信心的，他們的本質都挺好。要不是你說我很自私，我也不會告訴你這些。

「自私是人性中的特質，每個人或多或少都有點私心，我並不否認，只是我的自私顯化在一張衛生紙上，有一點不太相稱，所以舉出幾樣不自私的行徑，取得一些態勢上的平衡而已。」

我的語調十分平靜，因為沒有甚麼要辯解的，就像落在水中的枯黃葉子，隨著流水浮浮沉沉；又像晨間的薄霧，被初升的陽光掃過，緩緩地散開一樣。在一個短暫的瞬間我明白了，為什麼靈性大師都教導說「不要論斷他人」。因為人們不知道自己和他人都是很浩瀚的，不只是眼前的物質身體，還有無量無邊的集體意識與個人特質，有些顯化出來了，有些還沒有顯化出來。

你去論斷他人的自私、冷漠、懶惰等等，就把他其他的特質忽略了，即便你論斷的都正確無誤，但其他沒有被關注到的特質，好比聰明、乖巧、柔順等等，就會群起而攻之，從四面八方來對抗你。每個特質吐一口口水，就會把你淹死了。更別說集體意識中的規則設定，潛意識中的慣性、習性，內容繁複到無以復加。你隨便挑出一樣來論斷，其他被忽略的就會蜂擁而至，人際關係的衝突於焉產生，倫理親情的悲劇就此上演。

為什麼我被論斷為自私，其他特質沒有站出來吐口水呢？那是因為我始終記得德蕾莎修女說的：「人們經常是不講道理的、沒有邏輯的和以自我為中心的，不管怎樣，你要原諒他們。即使你是友善的，人們可能還是會說你自私和動機不良，不管怎樣，你還是要友善。」

連區區的論斷都不能驟下，更何況等而下之的指責、咒罵了。我相信迴力棒的原理，任何你發洩出去的瞋恨，日後一點一滴都要由你回收。同理，貪婪、愚痴、傲慢、懷疑、妒忌等等，也是一樣要回收的。不在今生必在來世，不在此地定在他方。

總的來說，「天下無不是的父母」這句話還是正確的，即便父母提供的是負面教材，對我們的人生還是很有幫助。父母的言行舉止、行住坐臥，創造了他們的世界，並在生活情境中或喜悅、或埋怨、或憂傷、或痛苦，盡情地翻滾掙扎，一樁樁一件件、活生生地演給我們看，我們若看懂了劇情的來龍去脈，甚麼樣的因造成甚麼樣的果，或許自己的人生舞臺上，就不必再演同樣的劇目、做同樣的翻滾掙扎了。

在看的當下，我經常感覺到有一個空曠的背景，在我的身後無限拉遠，看不清楚是沙漠還是海洋。在這個背景的襯托之下，眼前的人事物變得很虛幻，猶如裊裊的炊煙，沒有實質的分量，也沒有心理上的干擾，就只是一個故事要發展下去，編劇所安排的必要情境而已。於是不由自主的同理心、悲憫情紛至沓來，挾帶著接納與感恩的情緒，逐漸將空曠的背景豐富起來。

換個角度來詮釋的話，可以說打開了廣角的視野，你覺察到有負面的能量在流動，但是水位很低，不會影響到岸邊的你。你的內心清楚明白，不是哪裡出了錯，而是你的意識擴展了，可以同時感受到光明與黑暗，知道它們如孿生兄弟一般，此消彼長地共存著，你偏愛哪一方，哪一方就興盛些，你不愛的另一方就黯淡些。你是有選擇權的，你可以選擇你喜歡的，同時也不否定你不喜歡的。

這讓我想起蓮花生大士的教導，那是在《松嶺寶藏》當中的一段，卓地的亭邦瑪女向蓮師祈請，請蓮師給像她一樣被俗務纏身的女子，一個無須捨棄日常工作，也能覺醒開悟的教導。蓮師就教了她兩個簡單的方法：「以無念作為封印，以行福作為迴向。」意思就是在處理日常俗務的時候，遇見不開心的、疲累的、痛苦的事，就用無念、不去多想，把它封存起來。你也可以在同樣的俗務中，找出善心、善行的功德，把它們迴向出去、散播出去。

我師父在講解的時候，舉家庭主婦的實例說：主婦們每天要煮飯、打掃、洗衣，做這些工作不是很疲累嗎？把她的身心都束縛住了，這個就叫做捆綁。這種捆綁的痛苦，如何用無念來封印呢？就是做的時候單純地去做，不要邊做邊想著要如何逃離；也不要想著這麼多事做起來有多累，因為在想的裡面，摻雜了許多情緒，許多和「做這件事」無關的情緒。做的時候，把這些無關的情緒用無念作為封印，只是單純地去做完它，這樣你就減少了很多負擔和壓力。

至於要迴向什麼呢？延續剛才那個主婦的例子，她做飯給家人吃，家人得以溫飽，也許還感到幸福美滿，這些都有善心在裡頭，她做飯的行為也就是善行了。這些善心善行就是她可以累積福德的行為，這些都是必需迴向的。在迴向時，善心及善行就擴散出去了，讓周圍的人都感受到善心及善行，因此法喜充滿，慈悲也遍布社會了。迴向就是將善心善行，當成種子一樣播散出去，它們是會孳生感染的，數量是沒有限制的。「封印」、「迴向」做得完整了，你的每一個行為，也就是你做的每一件俗務，都會把你帶到修成佛果的路途上。

可見在同一件事當中，你要找捆綁就有捆綁，要找功德就有功德，選擇權操之在你啊！換言之，要找罪受的是你，要找福享的也是你呢！別管罪大罪小，福厚福薄，只管在太極圖的黑魚裡，找出那粒白眼來，一定會有的。

為了解決當下的問題，我曾經私下跟阿米娜商談過，說我願意多給一萬塊錢，當做爸爸罵她的撫慰金，慰留她繼續照顧母親，但是被她委婉拒絕了。

「妳有跟先生商量過嗎？」我問阿米娜說：「一萬塊也是妳半個月的薪水了。」她表示商量過了，先生還是要她回去。

「很好啊！」我說：「這樣表示妳先生很愛妳，不是很愛錢，是個好先生喔！」我心裡真的是為她高興，雖然她拒絕了我的要求，我還是為了一個即將團聚的印尼家庭，心中泛起陣陣的暖意。這也是我的特質之一，我總是去看正面美好的事，而不去關注負面有瑕疵的事。這或許跟我對量子物理的了解有關，量子物理的研究告訴我們，宇宙沒有客觀的存在，你的世界是被你看出來的，如果你不去看它，它是以波的狀態存在，而且是無所不在的。一旦你去看它，它立刻崩潰成粒子，讓你看見。這就是有名的「波粒二象性」。

科學家花了無數的精力、時間、金錢，為我們證明出這樣的理論，我們了解之後，直接拿來用就好了呀！

每當先生有看不慣女兒的言詞冒出來，我就勸他不要去看！當你不去看女兒的時候，她是以波的狀態、虛無飄渺的存在，遊走在客廳廚房，有時歡喜雀躍，有時悲傷落淚，看她要顯化內在甚麼樣的情緒。當你一去看她的時候，她立刻崩潰成粒子，從虛無飄渺的狀態凝聚成物質，在你眼中就被詮釋成語無倫次、神經有毛病。其實她一點毛病都沒有，只是活在自己的天地裡，把該在心裡想的話，都一五一十地從嘴裡說出來，換個角度來看，這也是她真誠的特質啊！

先生被我說得一頭霧水，似懂非懂，至少注意力轉到量子物理上，就不再去看女兒了，女兒當下又回復到虛無飄渺的存在，快樂得像百靈鳥一般。

阿米娜是首次來臺的外籍看護，我教導她配藥、量血壓、測血糖、給母親洗澡、做中國的飯菜，很花費了一番心力。如今要換新的看護，爸爸說：「妳還是要來把她教會才行啊，要不然怎麼辦？」

「沒關係的，阿米娜會把她教會才回印尼。」我說：「多花一點錢，仲介會幫我們找熟手來，至於能不能讓我們滿意，那也只有走一步算一步了。」我心想，看人挑擔不吃力，我辛辛苦苦訓練好的看護，才做了一年出頭，你就把人家罵回去了。下一個外籍看護未必會更好，你就重新創造一個友善的環境，慢慢練習與看護和平相處吧！

咦？這好像是小我的口氣呢！我警覺到一個平凡的主婦在俗務中囈語，有許多與看護無關的情緒緩緩升起。趕緊以無念封印！封印！封印！

其實爸爸做事嚴謹，認真負責，對家庭也很有責任感，以一份軍人微薄的薪俸，養活了我們一家六口，退休後本本分分地吃著終身俸，把自己照顧得妥妥貼貼，修飾得體體面面。快九十歲的人了，染了頭髮，穿上襯衫西裝褲，看上去像七十多歲，還能騎著機車去市場買菜。

爸爸的老當益壯，也是我們做兒女的福分喲！我在腦海裡把爸爸優良的特質複習一遍，感覺心情輕快無比，還是去買隻烤鴨來，暖一暖爸爸的腸胃吧！然後把這樣的善心善行迴向！迴向！迴向！

小感悟：選擇把能量澆灌在好的那一面

情緒必須由自己掌控，不可隨別人的論斷起舞，也不要去論斷別人，因為很容易以偏概全。如果讓親情、友情毀在彼此情緒的起伏當中，最終發現都是誤會一場，那就太不划算了。

凡事都有積極美好的一面，也有它消極、不為人知的陰暗面。最好把心思花在美好的那一面上，給予它滿滿的關注能量，它就會朝向更好的方向發展，這也是心想事成啊！

瞧！即便右半邊失去了行動力，母親舉手投足的每一個小動作，所展現出的依然是滿滿的愛。

公主的奇幻之旅

在救護車的呼嘯聲中，我陪著母親來到急診室。隨車的醫護人員拿出文件來要我簽名，見我反應有些遲鈍，就貼心地告訴我說：「這些密密麻麻的文字，只是說明我們沒有向你們收取費用。」我趕緊道謝、快速簽下了名字，他轉身離去的速度比我還快。我想，這就是急診室的一貫步調吧！

母親躺在觀察室的手推床上，經過一連串的檢驗測量手續，折騰了大半天之後，就等待著報告出爐。她制止我將布簾拉上，眼球轉悠轉悠地，觀察著周遭雜沓的人群與聲響，好像漫長的等待與她無關，眼前縱橫交錯的聲色才是她關注的重點。

醫生過來問話，母親就轉頭望向我，儼然我是發言人一般。無奈醫生緊盯著母親，要她指出哪裡不舒服。母親把手放在心臟部位，眉頭皺在一起，連說了好幾個痛字，說完就像完成了一項任務，大大鬆了一口氣，眼神又飄向遠方，好像在回味著自己正確的發音。

這時在別人眼中，母親是魂不守舍的，但我們母女連心，我感受到她是一片寧靜，滿眼清明，內心的恐懼沒有了，索求也沒有了，甚至於她是誰也不重要了。哎喲！這不就是活在當下嗎？

四周的人影逐漸成了一齣默片，音效一片接著一片的溶解、消失，彷彿X光攝影底片上的白色斑點，被附近的黑色逐一浸潤、同化，分不出差異性，不會再被醫師的螢光棒指指點點了。哎喲！這不就是療癒嗎？

原來肉體斑駁、停滯的狀態背後，隱藏著心靈的開啟與療癒。即便禪堂、廟宇被急診室所取代；蒲團、檀香換成了病床、酒精棉，只要時機恰當了，都是心靈昇華的契機。

母親發出一個無意義的聲響，我直覺地回應著：「媽！我在這兒。」無人替我即席翻譯，其實我的意思是，我永遠在這兒，即便妳到了另一個世界，我們也都不會分離，因為我們是以靈魂作傳達、做溝通的。

母親深情地看了我一眼，好像在對我說：「乖孩子！小公主！妳的意思我都明白。」接著她伸手指向前方，久久都不放下，我順著她指的方向看，一個蹦蹦跳跳的女孩子經過，我以為母親認識她，結果並不是，母親要我看她頭髮上的蝴蝶結。

我與母親相視一笑，彼此心裡明白，那是四十多年前塵封的一個故事。我早已留著俏麗的短髮，再精美的髮飾現在也派不上用場，但我始終保留著那個深褐色的髮飾。我湊近母親的耳邊說：「媽呀！我的那個蝴蝶結，一點都沒有變樣子，還收在我梳妝檯的抽屜裡呢！」

那是我剛考上大學、頭髮半長不短的尷尬期，經常用橡皮筋紮出一個公主頭。有一天與母親經過一家飾品店，我們同時看中了一個髮飾，那是層次很多的薄紗蝴蝶結，深褐色的薄紗錯落有致，結頭暗藏一節髮箍，扣在我頭頂橡皮筋的位置，簡直完美極了。因為是進口的舶來品，所以要價一百二十元。那時母親做著家庭手工藝品，賺些小錢貼補家用，按件計酬，一天才賺幾十塊錢。

我們一聽價錢，就很自然地把東西放回去了。每回經過又會習慣性地看它一眼，見它還在，沒有被別人買走，心裡就滿高興的。好像在對店家抗議說：「瞧！太貴了吧，都賣不掉。」

直到我收拾好行李，預備去學校註冊的前一天，再次經過那家店，發現那個髮飾不見了、被人買走了。我奔回家去告訴母親說：「有人不嫌貴，把我們的蝴蝶結買走啦！」母親才笑咪咪地說是她買的，想讓我開開心心、體體面面地去註冊。我當時有著醜小鴨變天鵝般的欣喜，自信滿滿地梳著公主頭，戴著漂亮的蝴蝶結，穿梭在迎新會、生日舞會的衣香鬢影中。同學們都說我有一股說不上來的自信，我想應該是母親滿滿的愛，顯化在這個蝴蝶結髮飾上，而這個髮飾的與眾不同，又內化到我的心靈中，為我的自信默默築基。

母親很少生病，記憶中的兩次住院，都是為了舉步維艱，檢查出心血管狹窄，要裝支架撐開來。因為父親早就裝了兩根支架，所以我們知道這是小手術，三天兩夜的行程。在我陪母親住院期間，見她一點都不緊張，還會跟她笑鬧著說：「上回妳跟爸爸的支架數是一比二，這回是二比二啦！」

第三次住院是意識模糊的腦中風，滿以為送到醫院，注射一些融化血栓的藥劑，就可以讓腦血管暢通無阻；事實讓我們頗感失望，醫院只是讓母親意識清楚而已，已經損壞了的腦細胞，再也無法復原了。語言功能喪失大半，右半邊肢體癱瘓，理智悄悄告訴我說，母親老邁的身軀再也離不開我了；情感卻還沉浸在母親奇蹟式復原的美夢中，預備把這一段陪病的過程，當作是公主的奇幻之旅。情感所表露的也是實情，我何嘗離得開母親？儘管我已經是樂齡老人，兒子都成家立業了，但在母親的眼中，我依然還是她的小公主啊！

記得有一回，母親瞥見我的小腳趾甲是黑的，就問我怎麼弄的？

「我也不知道啊！」我隨口敷衍著她。母親馬上要我噴一種藥水，說是治療黴菌的，我一時沒有放在心上，但多一半是不相信她的話。過一陣子她又問起：「腳趾甲治好了沒有？每天洗完澡噴一噴藥水，很快就會好的。」哇！我像觸電一般，眼眶立刻溢滿了淚水，除了慈母愛的牽掛，誰會關心我的趾甲是黑是白呢？母愛就是那麼的純然無雜啊！

我的公主奇幻之旅一晃兩年多，母親住院成了常態，心臟會突然不舒服，血糖會突然飆高，都不再是三天兩夜的行程。於是我就漂流在急診室、手術室、與病房之間，迎接著日出日落，關注著母親胸腔的起伏跌宕。母親偶爾會有幾秒鐘的呼吸停頓，裝在胸腔左上方的心臟節律器，就會啟動預設的機制，幫助心臟搏動。自助人助的循環，像一連串齒輪相扣的鏈條，不知從哪裡開始，也不知到哪裡結束，就這麼周而復始地將我們的命運纏繞在一起。

反正潛意識並不能分辨真實與幻想，何妨把自己的人生幻想得隆重一些，把自己的作為幻想得歡樂一些。尤其精彩的橋段都成過往雲煙，女主角已然走到了節目表上「尾聲」的位置，眾所期待的就是如雷的掌聲了。

每當母親出神的時候，我就開始數算母親的豐功偉業，為我們挑選了一位英俊挺拔的父親；為了每一個新生命的誕生，譜下了一首又一首完美的樂章；為整個家族的繁榮興盛，使盡了每一分心力，澤及孫兒孫女。

我是母親的第一個孩子，完全吃母奶長大，吸收了年輕母體的精華，才成就了我一生的無病無災。母親在我的數算中，時而展顏微笑，時而哈哈大笑，沒有一絲病中的愁思憂慮，我也在和諧的旋律、母愛的澆灌之下，感覺靈魂飛躍成長。恍惚之間聽見靈魂誇讚我，說我對劇情的剪裁功夫甚是了得！

蜷曲在母親氣息短促、喉音濃濁的懷抱裡，就像回到了孩提時代，甚至回到了母親溫暖的子宮裡。無形的臍帶連繫著一對母女，母親伸出她的左手，勉力將右手移開一些，好給女兒一個更舒適的趴俯空間。瞧！即便右半邊失去了行動力，母親舉手投足的每一個小動作，所展現出的依然是滿滿的愛。

時間會沖淡記憶，但那種愛與被愛的感覺歷久彌新。尤其母愛的流露，就是這樣的和煦自然，像一股甘甜冷冽的泉水，緩緩自山谷間流出，在你掬水一飲的當下，從不曾懷疑過它的來處；更像一陣迷濛的薄霧，漸漸從樹巔掩至，在你全身被籠罩的當下，會不自覺地痴痴傻笑，留下一個渾然忘我的場景。

本文榮獲第四屆海峽兩岸「漂母杯」散文創作—佳作獎。

小感悟：心中沒有年齡

年齡是社會賦予的一個區分，少年、青年、中年、老年……。每一個階段都有應享的權利，也有應盡的義務。但實際上，心理是沒有年齡的，人到中年，仍是父母的小公主、小王子；父母老去，會如同幼童般單純、直率。所以，衹要你願意，可以永遠停留在十八歲的酣暢，也可以當個歷盡滄桑的老靈魂，那般看淡世事。

第
二
章

真愛無價

愛是一切的通關密碼

人生道路上的層層關卡，考驗著每個人的通關能力，
然而只要取得了通關密語，就可以一路順暢無比地走下去……

我母走後

聽說人的生命有兩次誕生，一次是肉體的出生，一次就是靈魂的覺醒。難道說我母的過世，促使我的靈魂覺醒了嗎？

我母走後，我才真正領悟到：事無好壞，祇是一個轉折而已。死亡也不是一個多麼特別的、突如其來的事，而是一個早就知道的、一定會發生的事。就像果核早就安置在果肉裡面，剝開果肉就一定會看見它的存在。

母親一生事蹟的縮影，在我的心間輕巧划過，從我的筆下流淌而出，感覺時而沉重，時而輕省，明明是親眼所見、親耳所聞的歷程，這時卻飄飄渺渺地沒有真實感，就像做了一場夢，恍恍惚惚地醒來，還分不出東西南北，卻被趕著鴨子上路，顛顛簸簸地迷糊著。

母親年幼時身體很衰弱，是個藥罐子，外婆聽了算命仙的話，說母親活不過十六歲，就拚盡了全力，背著她四處尋醫問藥，誓死要將這個得來不易的女兒養大。母親說外婆三十四歲才生她，在那個時代稱得上是個老蚌了。母親最虛弱的時候，還曾看過大阿舅的靈魂，穿著咖啡色團花的大褂，戴著瓜皮帽回轉家門。外婆說她病糊塗了，說的是胡話；但噩耗不久之後傳來，大舅在城裡被一堵牆倒下來壓死了，而且穿戴跟母親所說的一模一樣。如今母親活到了八十八歲，對當時的外婆來說，這難道不是做夢嗎？

算命仙口中的十六歲，可能祇是一個艱難的坎，母親的求生意志力，加上外婆無窮無盡的慈愛，不辭辛勞的奔波，澆灌出奇蹟的種子，生了根，發了芽，將這個艱難的坎弭平，接下來就是崎嶇坎坷的生命之旅了。

生活儘管物資匱乏，但我們從來不缺少愛。母親做家庭手工貼補家用，經常做得疲累不堪，我表達愛的方式，就是清晨起來自己做便當。我常做的便當菜是酸菜炒肉絲，我問母親說：「肉絲可不可以多放一點？」母親說：「不行！初一過了，還有十五呢！」於是我寧願自己少吃一點，在妹妹的便當裡，多放了兩三條肉絲，這也是我表達愛的方式。我知道母親不是不愛我，而是愛著整個家，包括院子裡的鴨子和玉蘭樹，因為鴨子會生蛋，拿到市場賣掉，就可以換錢了。玉蘭花開滿樹梢的時候，母親也會叫弟弟上樹摘花，摘滿了一個托盤，用半溼的紗布蓋住，送到老鄉的菜攤上，就會有熟客來購買，這些零碎的收入就是我們的加菜金。

妹妹愛我的方式是啥都聽我的，唯我馬首是瞻。例如我做事賺錢之後，正好可以負擔她的大學生活費。她做事賺錢之後，也自動負擔起大弟的大學生活費。小弟讀的是軍校，有國家負擔生活費，大弟就省心多了。

母親常誇我是弟妹們的好榜樣，有什麼心事也都跟我分享。父親常年駐紮在外島，幾個月才回家一趟，卻常常與母親鬧得不歡而散。我問母親：「這次爸爸為什麼不開心呢？」「你爸說我不會教孩子，老是跟他唱反調。」細問才知，原來是大弟吃飯心不在焉，弄得滿桌都是飯粒，爸爸喝斥他到邊上去吃，媽媽卻說已經吃成這樣了，你叫他換個地方，不是又弄髒另一個地方嗎？乾脆讓他吃完了，我再來收拾。爸爸說：「我在教孩子，讓他好好吃飯，不要給我在桌子上種飯，妳卻來跟我唱反調，那我以後還怎麼教呢？誰還會聽我的話呢？」乍聽之下兩方都有道理，但媽媽說，還是要聽爸爸的，因為他賺錢養家很辛苦，下次全都聽他的就沒事了。其實母親持家也很辛苦，卻量入為出，把孩子一個個培養到大學畢業，從來沒有開口跟別人借過錢，這是母親很引以為傲的。我也是以這樣的信念，維持著家庭多年來的安穩。

妹妹結婚較遲，有一陣子住在大弟家待業，曾經拜託大弟妹，下班順路的話，幫忙帶半條吐司麵包回來，大弟妹竟然說不順路。母親對此事耿耿於懷，悻悻然說：「即便不順路，也該特地繞道去買呀！」從此對這個媳婦印象大壞。另一件讓母親感嘆的是，大弟二十多年前訂了一棟房子，那時才百來萬元，弟妹硬逼著大弟去退訂，現在千萬元也買不到了。母親說一個心量狹小的人，福氣必然單薄，果然弟妹生下一女之後，婚姻也走到了盡頭。

我是最不讓母親操心的女兒，典型的責任心重，掌控欲強。於是生了一個最讓人操心的女兒，好讓我學習何謂過猶不及，優點一過了頭就是缺點。

我母走後，感覺有一個無形的發條鬆開了，這才發現之前拴得有多麼緊。我開始不會發號施令，也不會問東問西了。米飯在電鍋裡沸騰著，衣服在洗衣機裡自在地滾動著，下一刻該做的事，我安排得清清楚楚，就是找不到從前那個熟悉的我了。女兒說她不能站在廚房水槽面前，否則頭就會暈，噁心想吐。我心裡立刻明白，是她之前在水槽邊上，發洩的怨氣太多，一旦她氣血衰弱下來，怨氣就會對她展開反撲。於是一句「離開水槽，碗我來洗就好。」淡淡地從我口中流出。雖然語氣和緩，但我能看見那一句話的能量，跟我以前的任何一句話都不一樣。以前的話充滿了負能量，即便祇有短短的幾個字，卻拖著一條長長的尾巴，滿載著數十年來的積怨，現在想起來都避之唯恐不及。

正負能量的差異何在呢？我反省了好一陣子才領悟到，心裡沒有成見就是正能量，一旦有了成見、貼上一個標籤，好比說「都是藉口」這個標籤一貼，那麼後面所有的話都是負能量，都是情緒的出口了。唉呀！之前那個滿口負能量的怨婦怎麼會是我呢？我是不是要把她找出來確認一下呢？

聽說人的生命有兩次誕生，一次是肉體的出生，一次就是靈魂的覺醒。難道說我母的過世，促使我的靈魂覺醒了嗎？我感覺事情沒有那麼單純，我還在各個角落裡尋找那個熟悉的自己。很快！就在我打開冰箱的剎那間，找到了那個心懷怨懟、面色凝重的女人。她想把菜拿出來加熱放在桌上，等候先生、女兒起床後享用；又怕到時候返家，見到這些飯菜一動也沒動，父女都說不餓呀！惹得她火冒三丈。

「哈，原來妳在這兒！」腦海中的動畫瞬間播畢，我把冰箱的門重重關上，踏著輕快的步子就出了家門。驀然間心中靈光一閃，是我一廂情願地掌控著家中的飲食，家人衹是順從著我的安排，習慣成自然罷了，與懶惰、頹廢毫無關聯。我試著改變作風，不再安排他們的飲食，看看他們會有甚麼變化。當我領悟到這一點的時候，無形的責任感頓時脫落了，像個行腳羅漢似的，渾然忘卻有家庭這回事。難怪法師們常說：「羅漢不執著，菩薩不分別，諸佛不起心動念。」我才剛剛甩掉千萬分之一的執著，就湧進了滿滿的自在順心。

當我再次踏入家門，迎接我的是一片歡欣鼓舞。先生說巷子口的燒臘店物超所值，難怪生意那麼好。女兒說新開的素食店口味清淡，正是她喜歡的那一種。而且邊上沒有人下指導棋，吃多吃少都很隨意，胃裡舒服極了。這時候我進一步發覺，原來我被自己的責任感綁架了這麼多年。

母親的離去，並沒有為我帶來太多的悲傷，因為中風之後纏綿病榻四年多，我知道她已經有點不耐煩了，衹是不置可否地勉強活著。所以我把她的離去看成是解脫，何況又是在睡夢中嚥氣，這是很多人夢寐以求的。唯一讓我感到心酸的是，母親生平第一次做胃鏡、大腸鏡，都發生在臨終前的一個月。結果並沒有查出任何內出血，醫生說先回去養養身體，再來做後續的檢查，一定有內出血，否則血色素不會那麼低。母親聽了之後神情落寞，幽幽地嘆了一口氣，父親也祇能喃喃地說了句：「這樣哦！」也許心中滿是無奈感吧！

如果不是父親一時慌亂、緊張、恐懼，把昏迷在便盆椅上的母親送醫急救，母親可能提前一個月就走了，也就不用受這麼多醫療檢查的痛苦，但當初誰又知道呢？

「教會師母一定知道點什麼。」父親說：「她平常一兩個禮拜會來探訪妳媽，幾年來都不跟我多話。最後一次，也就是前兩天，臨走前給了我一個電話，說是臨時有狀況，可以打這個電話，教會弟兄會來幫忙。結果兩天後，這個電話就用上了，是不是有點奇怪？」其實這也算不了什麼，神職人員多少都會有些心電感應。即便是我的侄兒侄女，在奶奶過世當天，凌晨三點左右同時從睡夢中清醒過來，當時有點納悶，事後才說可能是奶奶來看他們了。

母親最放心不下的是小弟，他因為賭博的關係，弄得妻離子散，工作也砸了。我和母親一直在替他遮掩修補。當天他雖然趕了回來，卻不敢進母親的房間，可能是心虛吧！後來聽說母親在他半夢半醒之間去找他，把他罵了一頓，說你來都來了，為什麼不進屋？還翻出許多舊帳來罵，罵得小弟痛哭流涕。從此以後小弟真的就不賭了，祇是經常換工作，做大樓保全的時候，會跟住戶僵持不下，改做車道保全，又對車主態度不友善，去山上幫人家養豬抵債，又累得跟狗似的。總之，脾氣一點一點慢慢消磨掉，在我看來也是一種另類的修行啦！

聽說《修心八頌》是修菩提心（成佛的心）的寶典，它的第四頌是：「願我目睹惡劣眾，造罪遭受劇苦時，猶如值遇珍寶藏，以難得心愛惜之。」我在正常的生活中，很難遇到惡劣眾，所以像小弟這樣浪子回頭的眾生，偶爾需要我接濟，偶爾向我訴訴苦，我就要像遇到珍寶一般地愛惜他，對我的菩提心才會大有啟發。

有一天我問師父說：「自從我母親走後，我感覺跟父親親近了許多，對弟弟慈愛了許多，對先生女兒寬容了許多，會不會是我母親的靈魂加到我的群組裡來了？」師父一時沒有聽明白，我就解釋說：您曾經說靈魂不是一個單一體，而是一個組合體，裡面的元素是很複雜的，包含了過去的冤親債主、祖先等等。我母親過世之後，就成了我的祖先，加入我的靈魂群組是很自然的啊！否則，我為什麼會在短時間內就得以展現出寬大的胸襟，把弟弟照顧得像兒子一樣？師父聽了笑容滿面，說有此可能。這時再聽人說長姊如母，我還用得著體會嗎？根本就是鐵一般的事實了。

我開始觀察這個重組後的靈魂。她竟然喜歡走路了，還以降低體脂率為名，說是要鍛鍊出一點肌肉來，每天刻意到公園練習健走。那不是母親最愛的運動嗎？在回程的路上，遇到了一個不協調的畫面：一位帥氣的小伙子，跟一個老太太爭執不下，老太太資源回收的三輪車，撞了年輕人的轎車，有一點小小的擦痕。帥哥不想跟老太太斤斤計較，祇要老太太肯道歉，他也就算了。無奈老太太堅持己見，不肯道歉，還倚老賣老地編排帥哥的不是。帥哥也發火了，點開手機就報了警。她毫不考慮就上前勸老太太道歉，調停了十幾分鐘，老太太才開口說對不起。哎喲，這也是母親常幹的事啊！

有一回和先生走在捷運轉運通道上，廣播放送出：「現場有醫護人員嗎？請到服務臺協助。」我立刻停下腳步，左右探尋。先生拉住我的手說：「妳學的那套經絡穴道按摩，派不上用場啦！妳又沒有執照，人家也不會讓妳插手的。」我說：「對哦！是直覺反應啦！」記得母親四十多年前，曾經救過隔壁的鍾媽媽。那天上午鍾媽媽暈倒在自家門口，情況十分危急，眾人束手無策。母親有當過護士的經驗，就跑到附近藥房，拿了一支強心針給她打上，才及時救回一命。事後被父親責怪了好一陣子，說妳膽子還真大，萬一打死了怎麼辦？母親想想也有點後怕。如今被救的鍾媽媽還活得挺好，救人的母親卻先走一步了。

「我想天堂一定很美，媽媽才會一去不回……如果天堂真的很美，我也希望媽媽不要再回，怕你看到歷經滄桑的我，會掉眼淚。」手機裡傳來高亢動人的旋律，細聽是一首懷念母親的歌曲。歌手放了很多感情在裡面，唱得如泣如訴，特別感人。我跟著哼唱了幾遍，也就能夠朗朗上口了。我相信這首好聽又好唱的歌，一定會紅起來，因為每個人對母親都有深深的情感。我乍聽之下，也被觸動了些許憂傷的情緒。

後來一想不對呀！母親祇是脫去了肉體的軀殼，回歸到更寬廣的宇宙空間裡，她的靈魂則加入了我的群組，與我常相左右，哪來的什麼憂傷呢？於是我抖擻了一下精神，朝著無窮的虛空喊著：「媽呀！我不管什麼天上人間的，咱們就在自己的世界裡，好好地過著日子。我想妳的時候，就到群組裡去找妳；妳想我的時候，就來照看我一下，這就是我們倆的約定喔！」我信誓旦旦的說詞迴盪在空氣中，在等待虛空回應的當下，我感覺眼眶中雖然含著淚，然而心裡卻是空蕩蕩的。

這就是母親給我的回應嗎？我在恍惚之間領悟到：死亡祇是軀殼的一個極限，一旦突破了這個極限，將會感受到更加的廣闊無垠、自由自在。我對死亡的恐懼，或許就是在那一個心靈交流的瞬間，不知不覺地，慢慢融化掉了。

小感悟：付出不必求回報

大多數抱怨的根源，都是來自於自己固定的想法。別人衹是順著你的安排過日子而已，你卻在數算著自己的付出，沒有得到應有的回報。

其實，每個人表達愛的方式都不同，重要的是有人愛我，而我也有心愛的人。讓對方隨順自己的性情、喜好生活，不要以愛為名加以控制，就能收穫滿滿的自在順心。

小感悟：最後一段路，不如糊塗一點

人生走到盡頭，平靜安寧最為重要。器官老化、衰竭不可避免。與其歷經各種的檢查，明明白白地死去，不如糊裡糊塗地，多活幾個平安的夜晚。

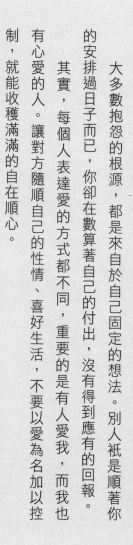

幸福的午後

當下的你是空無一物的，一切都化空了，當下才會出現，被你知道它出現了，當下它又消失了，很不可思議吧！

陽光透過前陽臺的盆栽，稀稀落落地灑在客廳地板上，一陣風吹過，形成變幻莫測的光影圖案。

昨夜先生誦經所點的檀香，依然有著濃濃的香氣飄散在空氣中，四周呈現出平安靜謐的氛圍。

我把佐茶的點心擺放好，泡茶的道具用滾水沖一遍，接下來就是輕鬆愉快的下午茶時間了。烏龍茶的清香氣息，伴著熱水注入茶杯的淅瀝聲響，還有壺身釉色閃爍生輝，讓整個客廳的自然元素增加，眼耳鼻舌的感官刺激與享受，就這麼瀰漫開來。

「我感覺最近這兩個月，是我這一生最幸福的時光了。」在舉杯敬茶的不經意間，先生說了這樣一句話，讓我有些迷惑不解。因為幾個月前他才被診斷出患有慢性骨髓性白血病，隨即領取了重大傷病卡。我們當時還心存僥倖，輾轉幾個中醫診所，折騰了好一陣子，直到白血球每兩個月翻一倍，才到大醫院找專門的醫師，做正規的西醫傳統治療。一顆動盪不安的心終於定了下來，但也談不上幸福二字啊！

說是幸運還比較貼切些，因為白血病不是堂而皇之地登場，而是躲在視力異常、蜂窩性組織炎、肝膿瘍的背後，悄悄地現身。

「我看不到白色的東西了。」先生有一天困惑地說：「在等紅燈的時候，隔壁一位女生穿著短褲，腿很白，我面對太陽一個轉身，居然看不見她的腿了。綠燈亮起來，她一步一步地走過馬路，我才看見她是有腿的。」

「可能老眼昏花了吧！」我隨口回應，心裡並沒有太介意。可是接下來先生的腳踝腫起來，不能走路了，還發著高燒，我只好送他去醫院掛急診。住院四天診斷出蜂窩性組織炎。退燒消腫之後，回診時醫生發現白血球沒有下降，懷疑血液有問題，就轉到血液腫瘤科去確認。

血液腫瘤科醫生先抽了五管血液樣本，再安排一個腹部超音波檢驗。因為脾臟與肝臟都跟造血功能有關。腹部超音波顯示，肝臟部位有陰影，可能是肝膿瘍，放射科醫生要求我們立刻轉到急診室去安排住院。

為了排除肝癌的疑慮，駐院醫師建議做一個斷層掃瞄，我們依言做了，主治醫師建議做一個肝穿刺，把膿瘍部分引流出來，對病情很有幫助，我們也依言做了。血液腫瘤科醫師說，骨髓穿刺早晚都要做，不如趁著住院一併做了。我們考慮了兩天，咬一咬牙也做了。最後主治醫師要求做一個核磁共振，對病情的判斷會更準確些，平常門診要安排做核磁共振的話，會花上一個月時間排隊，住院的病患兩三天就排到了，這樣的優惠待遇我們也沒錯過。

總而言之，該受的罪都受了，血液腫瘤科說已經確診為慢性骨髓性白血病，我們請醫師幫忙看看核磁共振的報告，他說多半是肝膿瘍，但也不排除肝癌的可能性。怎樣才能排除肝癌的可能呢？他說要嘛做個切片化驗，要嘛打開來看一看。我當場就跟先生說，再也不要做侵入性的檢測了，如果肝臟真有癌細胞，我們就開開心心地過生活，把癌細胞轉化為正常細胞。先生也同意我的決定，還開玩笑說，他並不怕死，就算死在我的決定之下，也毫無怨言。

「我現在心裡很輕鬆，一點牽掛都沒有。」先生一邊啜著茶一邊說：「每天三餐都吃得那麼豐盛，高檔的水果、營養品、好茶水、好點心一應俱全。」的確，跟前番兩次住院相比，如今在家療養，是輕鬆多了。而且跟疾病糾纏之後，也懂得善待自己了，新上市的拉拉山水蜜桃，一顆百元上下，都捨得買來吃，還吃得心安理得。朋友送的雞精喝完了，自己接著買來喝，誰說生病了才能保養？活著的每一天都能保養啊！

「那都是你應得的啦！」我帶幾分戲謔地說：「既然做了標靶治療，就要好好補充體力，我可不想讓你人在天堂、錢在銀行哪！」真的很奇怪，以前嫌貴的菜餚、用品，現在都感覺很便宜，買到自己想要的東西，付錢的一剎那，居然很感激老闆，一直跟老闆道謝。原來，感恩心是自動湧出來的，而不是預先設定好的。雖然我也付出了鈔票，但是當時我只感受到別人滿足了我的需求，交易過程只是一個小動作而已。

「我決定當一個模範病人，來報答主治醫師。」先生說：「有妳這樣盡心盡力地照顧，我要再活十五年來報答妳！」

「用你辛苦賺來的錢，保養你的身體，這有點行俠仗義的快感喔！」我說：「順便也保養了我自己呢！朋友們都說我最近紅光滿面的。」

「以前妳老是說現在這樣很好啊，沒有更好的了，我都感覺不到。現在我終於感覺到了，真是很滿足的。」

「不容易啊！」我說：「身體的重大傷病，果然開啟了心靈的機制。從心靈的角度來看，當下是最美好的。你一旦認定當下的美好，接納當下的美好，就不會再有別的想法了。思維的運作只要有片刻的停頓，靈性的美好就立刻連上線啦！」

「要認定生病也很美好嗎？」

「對！要認定，確信不疑。」我說：「因為期待有更好的，立刻就失去了當下，而那個更好也只是更合你的意而已，跟人事物的好壞毫無關係。」

「知道了，生病是好事啊，唉！」先生故意嘆一口氣，把我安慰他的話複習一遍：「感恩白血病是慢性，不是急性的，可以活很久；感恩健保有給付，不會傾家蕩產；感恩副作用不大，可以有說有笑，吃得下飯，睡得著覺，哈哈哈……」說著說著，不覺笑了起來。

「這樣就對啦！通常疾病只有兩個目的，一個是要我們反省曾經做錯了甚麼，一個是要我們活在當下。」我又繼續安慰先生說：「如果這兩個我們都做到了，那麼疾病就只是一個過程，甚至於還會成為祝福呢！」

先生說他反省過了，白血病與生活環境有相關性，尤其是環境中含有苯的化學物質，好比油墨、油漆等等，就會讓血液細胞受損。他多年主管印刷工廠，又主持興建大樓，經常與油墨、油漆的懸浮粒子共處，又沒有戴口罩的習慣，得到白血病是合乎邏輯的。

他也曾經想過，在同樣的環境之下，那些工廠的資深員工，為什麼沒有白血病呢？那是因為他早年曾經得過骨髓炎，所以骨髓比較脆弱，不能跟人家健康的骨髓相比。於是他坦然了，願意完全接納這個疾病的過程。

「回想這一段治病的過程，感覺就像做夢一樣。」先生說：「非常不真實喔，難怪《金剛經》上說，一切有為法如夢幻泡影。」

「我就說嘛！身體的盡頭，通常都會是心靈的起頭。」我主觀地認為，先生算是個有福報的人，還沒有走到身體的盡頭，就開啟了心靈如夢似幻的感受。我為他的及時確診感到慶幸，因為初期白血病不容易被發現，萬一耽誤了時效，由慢性轉成了急性就很棘手了。

在未確診之前，我問醫生說，如果是您得病的話，慢性骨髓性白血病與骨髓增生症候群，您會選哪一個病？醫生笑著說，我想我會選慢性骨髓性白血病，因為現在有標靶藥可以治啊！活個十幾年都不成問題的。醫生的回答果然讓先生信心倍增。

先生得病之後，變得比較沉默寡言，我就順理成章地成為他的代言人。住院期間朝九晚五地去醫院陪病，只差沒有打卡。有朋友來探病，先生不想說話，我就讓他負責點頭微笑，由我來摘要敘述病情，他說我言簡意賅，摘要得非常到位。回到家也是由我接聽電話，先生再聽我把電話內容摘要轉述。幾週下來，我就堂而皇之地封自己為「摘要達人」啦！

我確信，外境是我們自己創造的，心情也是我們自己選擇的，所以，即便在病房裡，我依然可以泡一杯好茶，閱讀著家屬休息室裡的善書，當作在自家客廳一般，偶爾起身倒一下病人的尿壺，用熱毛巾擦一下病人的身體，手腳俐落也如同護士一樣，忍不住在心裡幫自己按了三個讚！

主治醫師說，白血病的病因非常多，綜合他診治的四百多個病例，任何人都有可能得病。所以我們又把飲食不當、情緒控制不良、運動量不夠，列入了反省的項目。只要把不足的因素補上，錯誤的作為改過來就好啦！我想，既然可以反省到疾病的原因，當然也可以在肉體上改變結果，從疾病回歸到健康。已經發展成熟的醫療資源，會在某種程度上幫忙我們，正確的信念也會在心靈層面上協助我們。

「沒有期待啦！」先生不知不覺唱誦了起來：「現在就是最美好的啦！沒有更美好的啦！啦啦啦！」我則默默感受那沒有期待、沒有落差的當下。其實，只要念頭一轉就到達幸福之地了，過去、現在、未來，是我們地球上的時間設計，一旦離開物質層面，就離開了線性的時間觀念，時間就變成是同時並行的。每一件你經歷過的事，與將來會經歷到的事，都發生在現在這個片刻。

這對病患來說真是一大福音，因為當下根本沒有其它的時間，沒有你生病的過去，沒有你被病魔糾纏的過程，也沒有你因病而亡的未來，只有現在，甚至連現在也剎那生滅，無處可尋。

「當下就是現在嗎？」先生猛然地詢問，我一時愣住了，不知該如何回答他。說是的話，怕會誤導了他，說不是的話，怕打擊了他唱誦的信心。因為據我所知，當下是一個寂靜的層面，好像跟地球失去了聯繫，簡言之就是不在線上，你找不到誰，誰也找不到你。過去和未來消失無蹤，時間完全不存在，甚至連你的自我感也不見了。頭腦無法想像那是怎麼個情景，在那一瞬間你是無法運作的，身心都停滯了，熟悉的世界也不見了。等你回過神來，回味那一刻的情境，已經不在那個層面了。腦筋一轉，感覺到剛才應該是真實的，現在多半是一個幻境，慶幸的是你又可以正常運作了。

「現在只是當下的一個影子吧。」我想了一下說：「你還在想東想西，想到幸福美好，就只是現在而已。當下的你是空無一物的，一切都化空了，當下才會出現，被你知道它出現了，當下它又消失了，很不可思議吧！」

「就是思議所不及嘛！我懂啦！」先生說著又唱誦起來：「好好活在當下，不要想東想西啦，幸福美好會自己出現，當下也不會離得太遠啦！啦啦啦！」

單純可人的旋律，飄蕩在淡雅的茶香果香之中，內心的平靜祥和慢慢浮現在臉上，化作一抹神祕的微笑。瞥一眼盤中錯落斑駁的茶食，感覺它也是一個重要的角色，可以刺激我們的味蕾，把喉間的幸福喚到舌尖上來。這樣一個幸福的午後，是我與先生共同創造的喔，說說唱唱，談談笑笑，疾病反而成了一個淡淡的背景，一層薄薄的光影，可有可無，終至消逝……

本文榮獲財團法人佛教蓮花基金會二〇一六年「真、善、美」生命故事徵文活動—社會組／蓮子獎（佳作）。

小感悟：疾病帶來反省的契機

人往往在與疾病交手之後，才會更懂得善待自己。

疾病衹是一個過程，目的是在提醒你，反省自己過去的作為，是不是有些事情疏忽了。同時讓你放下外務，專注在眼前，好好面對這個患了病的肉體，謀求更有效的治療方式。

身體的重大傷病，可以開啟心靈的機制。從心靈的角度來看，即便是生病的當下，仍是最美好的，一旦認定當下是最美好的，就不會再有其他想法了。如果還有期待、盼望的心，就是自動否定了當下的美好，同時也離開了美好的當下。

隨順因緣，少憂少惱

師父說，修行的功夫要下在「因」上，不要在「果」上糾纏。因為果子已經成形了，糾纏無益。

好整以暇，泡一壺花茶，茶壺是朋友送的，濾網是先生在雜貨店買的，花茶是兒子從國外帶回來的，快煮壺是我前兩天才從網路上訂購的。它們就那麼融洽自如地組合在茶几上，呈現出一個溫馨祥和的氛圍，為午後閒散自主的時光，先譜奏了一段序曲。

影片上，一群五彩斑斕的鳥兒，在枝枒間引吭高歌，拍動著矯健的翅膀，有的近距離迴旋一周，回到原地納涼，有的相互凝視商量，同時轉頭啄下一顆果子，技巧差了那麼一點，沒有叼住，只好尋找下一個目標。牠們看起來精神抖擻、輕巧歡快，似乎並不知道自己正穿著一身彩衣，美得不可方物啊！因為美就是牠的傳承，沁透了牠的肌理骨髓。

下一個影片，銀龍母魚產下受精卵之後，公魚將它含在口內，五十天不吃不喝，終於將魚寶寶孵化出來，每隻魚寶寶帶著一個布滿血絲的卵泡，那裡面是牠成長的營養素，牠越長越大，卵泡越變越小，終於蛻脫卵泡，長成靈活的小魚。銀龍爸爸在四周緩緩地遊蕩，對於牠曠日廢時所創造的奇蹟，也是恬淡沉著地看待，沒有一絲的驕傲自得。牠完全不知道自己的所作所為，是那麼善得不可方物啊！因為善就是牠的本性，深深植在了牠的靈魂裡。

真善美是我們賦予牠們的，因為我們要從這些看得見的美善，連接到看不見的靈魂深處，把我們內心美善的種子喚醒、催熟啊！任何藝術的呈現，真善美的表達，都是在訴說一個故事，只是使用的載具不同。有的故事坐在文字上，有的故事坐在圖畫上，有的用舞蹈跳出來，有的用戲劇演出來。說故事者傾盡全力地訴說，聽故事者屏息凝神地諦聽，兩者之間有一根無形的管線，時斷時續地飄蕩著。當你聽懂了這個故事，那管線就跟你連接上了，否則對方的演出再賣力，那根線也始終在飄蕩著，就是連接不上。

記得有一回，去聽一位舞蹈家的演講，當他說到：「我隨時隨地都在舞蹈著，即便坐上公車，我腦子裡也還是舞臺。人雖然在公車尾端，一手拉著吊環隨車晃蕩著，但感覺上我的腳已經踢到司機的駕駛座了。」我當下如醍醐灌頂，立刻與他連接上，也可以說是聽懂了。師父常常告誡我們說，修行要修到「一心」，要心心相印，乃至於師父連呼吸都是「一心」的。也不知道有幾位師兄聽得懂，至少我是一知半解的。然而，當我懂了舞蹈家這個公車場景的描述，不知怎地，也就懂了那個心心相印。

我還聽過一位中年法師講他自己的故事，包括他是如何出家，如何習畫，如何去到海外弘法。他說這些重大的轉折，都不在他的計畫之內。一個人大學剛剛畢業，正在思考人生的方向，怎麼會遇見一個外來的和尚，就決定跟他出家了？怎麼會一到歐洲，看到美術館內巨幅的畫作，就決定習畫了？怎麼會受到了鼓勵和託付，就決定到海外去弘法？法師受限於時間，沒有辦法一一交代，但我剎那間已經完全聽懂了，就是因緣成熟、種子發芽嘛！若是換了別人，就完全不是這麼一回事了。

別人的心裡並沒有真、善、美的精靈，也沒有戒、定、慧的種子，所以上述的任何轉折、任何奇蹟都不會發生，就像船過水無痕一般。正如某位法師所說，你如果沒有相對的惡心，是看不到別人所做的惡。所以自己心中的惡，被別人的話語、行為勾了出來，要反省的是自己呀！怎麼還會疾言厲色、發威發怒呢？

爸爸在責罵外籍看護阿美的瞬間，我就有一個清晰的感觸：他把阿美捧成了天上的月亮，而他自己則變成潮汐，隨著月亮的牽引起伏，一會兒漲潮，一會兒退潮。我在一旁看得清楚明白，當你貶低別人的時候，正是把別人捧上了天，反觀你自己，則是落在比地面還要低的海水裡。一般的心靈導師會說：「不要批評、論斷別人，因為你一旦評斷了別人，立刻把自己降到了他的層次，你就等同於他了。」其實，在那一瞬間，你是失控的，是無意識的，是大大不如他的。何以故？因為他正專注於聆聽你的責罵，甚至落著感傷、悔悟的淚水，心靈是剔亮的；而你是被怒氣沖昏了頭、語無倫次、心緒散亂的。即便是一個弱智者，也能分辨出其間的差異。

身體上的汙垢，可以靠勤於洗濯來解決，心靈上的匱乏，就必須靠宗教、藝術、哲學等等，來啟迪、轉化，提升。你可以在師父的教導下恍然大悟、痛哭流涕。你可以在電視劇的感染下，捶胸頓足、痛不欲生。你也可能被一句哲思小語感動，躑躅徘徊一整天。祇要因緣俱足，無形的榔頭起子、圓鍬鏟子、洗滌劑等，就會一一前來招呼你，把你的心靈修補洗滌一番，讓你呈現出煥然一新的面貌。因緣是一張無形的網，業力是一雙無形的手。我們即便有孫悟空的能耐，似乎也躲不過這張網、這雙手的系統運作。祇能返璞歸真、秉持善良的本性，彷彿置身事外一般，笑看因緣業力的運作。它來隨它來，它去隨它去，你只專注於內心的凝定，把握住靈光乍現的瞬間，說不定就開啟了覺醒覺悟的契機呢！

我特別喜愛圖書館的新書通報功能，祇要把你喜歡的書籍類別勾一勾，圖書館一旦有新購圖書，就會發訊息給你，讓你在電腦上預約有興趣的書，但要等候排序。有時候熱門的書籍要等候一兩百人，等到你都忘了這件事，幾個月後突然接到通知「預約書到館」，讓你感受到突如其來的驚喜。人與人的緣分，我想也是這樣預約來的，祇是時間經歷太久，你已經忘記預約了什麼。當有緣人應約而來的時候，難免乍驚乍喜，還帶著些許的迷茫。

即便像我這麼灑脫自在的人，午夜夢迴，也會有一點困惑，怎麼去預約了一個罹血癌的先生、一個長腦瘤的女兒、還有一個頂客族的兒子？這裡面必然大有因緣，祇是我忘記罷了。既然「預約書已經到館」，那就一定要好好地珍惜，慎重地取來閱讀一番。先照單接納下來，再來尋求和諧、平等和愛。師父說修行的功夫要下在「因」上，不要在「果」上糾纏。因為果子已經成形了，糾纏無益，只等因緣成熟，要麼在樹上被鳥吃了，被蟲蛀了，要麼掉在地上，爛在了土裡。它終究還是可以期待陽光、雨水的因緣，完成下一輪的生命週期。

有位師兄年紀輕輕得了癌症，臨終前一直在問：「我這一輩子來是幹什麼的？」少說問了有一百遍。親人淚眼婆娑，無言以對，知道他是以問句來發洩怨懟。我聽了他親人的轉述之後，突然間心頭剔亮：哎喲！就是來隨緣消舊業，盡分還宿債的呀！遇見咱們師父這麼殊勝的法緣，你就要好好地修行。回家面對父母就要好好的孝順，見到妻兒當然要好好疼愛，面對上司主管就好好地配合，朋友交往就要好好地互動。祇要任何一方有怨言，就是你舊業消得不夠徹底，宿債還得不夠到位。一旦你舊業消夠了，宿債還清了，四周一片讚歎之聲，那種清明的心境，我看也只有你能獨享了。

師兄！你既然從事科技業、認識大數據，怎麼會不相信因果律呢？我前兩天買了個快煮壺，不得了！各個廠牌的、各式各樣的壺，都在我的手機廣告裡出現。讓我覺察到大數據還是不夠聰明、沒有腦筋、不會思考，我都已經買了一個快煮壺，短期內不可能再買第二個啊！宇宙就是一個大數據，而且是聰明的大數據，你發出一個善念，種下一個善因，怎麼會不吸引來一堆的善因緣呢？

相信眼前這一切都是最好的安排，如實接納，如實感恩。宇宙大數據安排了這些人、事、物在我們的周圍，確實非常不容易，每個人都在說自己的故事，演繹自己的一生，卻牽動著我們的情感，氾濫著我們的淚水。我們要從別人的故事裡，看清楚來龍去脈、因果軌跡，以便汲取養分，獲取經驗，用來充實我們自己的故事。

兒子媳婦的條件資質都很好，但結婚十幾年，卻都沒有孕育下一代，只是買足了疾病險和長照險。先生私下對此偶有抱怨，說我們只有這個兒子，他們怎麼可以這樣呢？我說他們已經這樣了，而且很多人都這樣，也算是一個社會趨勢。更何況爸爸以前打游擊，殺業重，所生的六個子女，三個癌症，兩個截肢。孩子們看在眼裡，毫無啟發與激勵，更別說生出仿效之心了。生兒育女不容易呀！即便平安養大了之後，你也不能保證他們一定有智慧、得解脫，還要操心他們的學業、生活、工作、婚姻，乃至於生不生孩子。倒不如從「因」上斬斷，根本不起心動念。咱們對自己往後的健康狀況，並沒有十足的把握。孩子們對他們日後的前途，也是迷茫的時間居多，哪有時間去關心未來孫子的點點滴滴呢？

先生或許是聽懂了，從此不再提這檔子事。我心想：他們夫妻有志一同，都在衝刺事業，不想要孩子，卻相處得挺和諧融洽。我們夫妻一心撲在修行上，也不去干涉他們的計畫。宇宙大數據把這樣兩代人，穩穩當當地湊在一起，不容易呀！要讚歎啊！

最近先生的同學會頻繁聚餐，說是有一個生意做得最好的同學過世了，引發大家要及時相聚的感觸，也可以說是敲響了兔死狐悲的警鐘。耳邊是千篇一律的腳本：因為生意上的需要，沒時間檢查身體。為了抽菸喝酒的需求，也不想去檢查身體。一旦緊急送醫就是整組壞掉，還來不及交代產業的細節，就已經天人永隔了。這就是家大業大的另一種詮釋，人雖然走了但是業留了下來。「產業」這兩個字用得太好了，你繼承了遺產，就連同業力一起承擔過來。有人來跟你爭遺產，照說你應該感謝他，因為他也分擔了家族的業力呀！如果你不懂得隨順因緣，還極力跟他抗爭，官司一打好幾年，那就在家族的業力上又添了一筆！

唐朝的杜順和尚有一則故事流傳下來，就是他在市集遺失了一雙鞋，三天之後依然尋了回來。大家對此很感詫異。杜順和尚說：「因為我幾劫以來，都沒有犯過偷盜的戒，所以不會有人偷盜我的鞋。」所以說，沒有那樣的業報，就遇不上那樣的事件。只要遇上了任何殺、盜、淫、妄、酒的禍事，沒什麼好怨聲載道的，直下承當便是。

花茶的好處是口味多樣，有玫瑰花配薰衣草，金盞花配洋甘菊，檸檬草配薄荷，共計十二種花草，可以隨意搭配。壞處是不耐泡，多泡幾種之後，也就分不出誰是誰了。好在喝茶並不是重點，在花瓣葉片的舒展中，心也隨之舒坦、開闊才是重點。有人說，心胸是被現實中的不如意、不公平、太焦慮、太煩憂，一點一點撐大的。我說，不必這麼悲情，心胸也可以在鳥語花香中被薰染大，在裊裊的思緒中被擴展大喲！

小感悟：感恩所有的相遇

我們內心美善的種子，需要外在的景物來喚醒、催熟。當你的情感被外境牽動，忍不住熱淚盈眶的時候，就是內心與外在連上了線，彼此心意相通了。

人與人的緣分，多半是預約而來的。所以要加倍地珍惜，好好利用宇宙大數據的精心安排，完全地接納！無盡地感恩！

若能從別人的故事裡汲取養分，獲取經驗，讓自己故事的發展更加順暢，內容更加豐富精彩，那不就是掌握自己人生的主導權了嗎？

靜候的心

赤腳踩在草地上，走著走著，精神層面上的無形塵垢，也許是沒來由的負面情緒，就一一抖落在青色的草叢間隙裡。

雨一直下個不停，打在前陽臺的波浪板上，嘈嘈雜雜地擾人心緒。我略微收攝了一下心神，心底浮起一幅雨打荷塘的畫面，荷花娉婷嬌弱地搖曳著，荷葉百折不撓地擺動著，譜出一首雨中的旋律，荷葉是圓滿的，荷花搖曳的裙裾呈圓弧形，真是名副其實的圓舞曲啊！

接著浮起一幅又一幅的觀音聖像，讓我的心陡然澄明了起來。緣於我的生日是農曆九月十九日，六十年前的那一天，有一位拜觀音的朋友，對即將臨盆的媽媽說：「今天是觀音菩薩的生日，最好生個女娃，那就會又慈悲又聰明了。」媽媽牢記了這句話，見我的第一眼就心生歡喜，在我長大之後也喜孜孜地告訴我這件事。即便我後來查證了，九月十九是觀音出家日，二月十九才是觀音生日，依然不改我樂於親近觀音菩薩的習性，並收集了無數觀音菩薩的聖像，日月薰染之故，眼前浮現觀音聖像就不足為奇了。

據說，圖像的記憶藏在右腦中，感恩我的右腦，那是它苦心孤詣幫我儲存的珍貴畫面，竟然在如此溼冷的午後，自動貼心地幫我調閱出來。雨還在下，有了雨中的圓舞曲，拉扯出一些詩情畫意來；有了聖潔澄明的觀音像，沉澱了紛亂糾葛的思緒，雨聲也顯得亂中有序了。

雨也好，風也罷，人與自然界一旦有了連結，看到了，聽到了，嗅到了……就會產生一種融合互換的作用，你原先並沒有的清澈澄明，彷彿從風雨中感受到了，你原先就有的複雜情緒，彷彿經由一個無形的通道，緩緩釋放出來，被看似無情的風雨概括接收了過去。就像赤腳踩在草地上，走著走著，精神層面上的無形塵垢，也許是沒來由的負面情緒，就一一抖落在青色的草叢間隙裡。

草叢間或許有著許多透明的小精靈，各自經營著無數生化科技工廠，以作公益的心態，為你作解析綠化處理，以及物種之間頻率的調整處理，將陳年酸腐的惡念、怨懟、不滿、牢騷……轉化成一股淡淡的青草香，沿著你微溼的腳底，鑽進了你的鼻間，給了你一個沁心入肺的新陳代謝。面對大自然的豐美與無私，你所需要的只是靜候而已。

靜候的心藏在有意識的呼吸裡，藏在放鬆自在的冥想裡，乃至於深深淺淺的明白裡。凡是向外指責、挑剔的煩躁之心，一定是妄心，因為靜候的心是向內覺察，向自己問動機、找答案的。

恩也好，怨也罷，人與人之間的接觸，或邀約，或合夥，或談判，各自帶著不同的背景，主觀的想法與見解，一來一往交叉渲染，儲存醞釀出複雜的人際應對。這裡面有虛妄，有猜疑，有隱瞞，有責難……也有鼓勵，有愛護，有學習……是一個五光十色的巨網，牽扯著你的眼、耳、鼻、舌、身、意。你要為自己的安身立命做出抉擇，這時候你更需要一顆靜候的心。

靜候的心正一步一步地向覺性靠近，即便它永遠也碰觸不到覺性，但是那種平靜、踏實、安祥，就像甘醇的香蜜一般，無論放在何處，都牽引著我的嗅覺神經，不忍須臾暫離。我感覺到，靜候的心會把我一步一步地帶離貪、瞋、痴，與貪、瞋、痴產生一些距離，才好認清楚它們，如同認清楚了賊的面貌，賊就無所遁形一般。

在廚房的水槽邊，我認出了一個賊：我看到女兒把她的杯子洗乾淨了，卻把我的杯子留在水槽裡，心裡頓時掠過一絲不滿。往常我洗杯子的時候，總是順手洗出她的杯子，她怎麼留下我的杯子呢？這個自私自利的傢伙，好！她給我記著……咦？這不是瞋心之賊嗎？一個日常的起心動念，稍微不留意，就被它牽著跑了。其實與女兒的乖巧、節儉、貼心相較起來，少洗一個杯子，是多麼的微不足道啊！

女兒的節儉與生俱來，記得有一回生病住院，我陪她上廁所，不經意地用力一扯，扯出一長條衛生紙，她立刻阻止說：「用兩截就夠了，不要浪費！」我的天！醫院的衛生紙，她都要替人家節省，彷彿貧苦清高之弱女子；可是當她潑灑情緒，亂發脾氣的時候，又像盡情揮霍的千萬富豪一般，真是愚痴得緊！但我還是非常愛她，尤其當她把我撕下來的饅頭皮，從餐桌上拾起來，擱進自己湯碗裡的時候，我的愛就從眼中流洩出來了。

在餐桌邊上，我又認出了一個賊：我看見先生買回來三支敲打按摩棒，他說：「好便宜喲！一支才五十元，簡直是半價嘛！我再去多買它幾支，一支給二妹，一支給大姊，一支給……」先生說得喜形於色。

「他們要有保健的概念才行。」我說：「否則一廂情願地送給他們，只是多了一個占地方的廢物。」我已經認出了貪心之賊，但不方便點出來，以免先生惱羞成怒，又引出一個瞋心之賊。見先生沉默不語，我把相左的意見再潤飾一下：「要買也可以啦！但不要馬上送出去，先把敲打按摩棒的好處，還有用法告訴他們，如果他們聽進去了，興起了保健的欲望，你再表示想送一支給他。如果他們唯唯諾諾，像春風過耳一般，你就暫時保留著，放在儲存禮物的箱子裡……」

話還沒說完，先生已經明白了。因為儲存箱內放著許多既不能用，又不能丟的禮物，是親友餽贈的一番心意，卻經年累月如同雞肋般地，躺在暗無天日的箱子裡。

在好友的淋巴瘤上，我認出了一個賊。我問好友說：「淋巴瘤已經縮小了，妳還要開刀嗎？」

「醫生說還是要切割出來化驗。」好友說：「如果是良性的瘤，後續治療比較簡單一點，而且治癒率很高。」

「不要開刀吧！」當時我就阻止說：「所謂的治癒率很高，其實就是不治也無妨的。」我在她的脖子上摸了一下，根本沒有什麼異狀。

「看醫生怎麼說吧！」她展現出一副莫可奈何的模樣。隔了一陣子傳來消息說，化驗結果不是什麼好東西，要再做全身的核磁共振檢查，以期勿枉勿縱。又隔了幾天，傳來消息說，全身都沒有癌細胞的蹤跡，連骨髓都很乾淨，所以醫生只幫她安排了四次化療。

我的天！全身都被證實是潔淨的，唯一的壞東西也切除掉了，那化療的對象是誰呢？只為了追捕幾個虛擬的癌細胞，卻要忍受化療之苦，把生活品質都犧牲掉了，這不是痴心妄想嗎？我知道她心意已定，就不再多言，只是默默為她流下心疼的淚水。

靜候的心會像主人一樣，接待我的貪瞋痴，你的貪瞋痴，他的貪瞋痴，然後運用善巧方便，給有糖尿病的切一盤芭樂，給有便祕的切一盤木瓜，給血壓高的來一杯檸檬汁，讓它們各取所需之後，再把它們一一送走。因為主人知道，貪瞋痴的欲望沒有絕對的好壞，在涅槃之前，那聞法求道之心，也是來自欲望啊！

靜候的心還稱不上是真正的主人，但他有直覺，有洞見，可以條理井然地為我打理生活，稱得上是上好的管家了。我的一言一行，起心動念，全賴上好管家的緊盯看管。

「師姐好年輕啊！完全不像六十歲的人，說四十五歲還差不多。」同修之間讚美的話語，我還來不及領受，管家就出面說話了：「妳每天吃珍珠粉，喝蜂王乳，為的就是這一句讚美嗎？珍珠形成時，貝殼的難受妳瞭解嗎？珍珠離殼時，貝殼的痛苦妳知道嗎？

「蜂王乳是人類把蜂巢裡的蜂王悄悄取走，利用工蜂的責任感與危機意識，賣命地吐出採集來的食物，餵養幼蜂，結果食物又被人類取走，幼蜂也被拿去磨成粉了……」唉呀！我只是想要保健養身，養顏美容是附加的效果，怎麼好像成了掠奪殺戮的共犯了。

「因果鏈的複雜度，絕對勝過食物鏈。」管家說：「食物鏈繞了整個世界一週，人類還有辦法一一追溯回去，累劫累世的善業惡業，交織成錯綜複雜的因果鏈，人類是無法一一追溯的。」不！我不要作因果業報的習題，我只是要長養色身，成就道業。生在二十一世紀的現代，享受一下科技發達的成就，品嘗一點醫療進步的果實，應該也是無可厚非的吧？

「莫要提起科技與醫療了。」管家說：「他們把掠奪與殺戮的戰場，從世界各地搬到了妳的身體裡面來。乍看之下是為妳的身體效命，其實是向妳討回血債。妳難道沒聽到？葬身在妳體內的生物靈魂，都藉著科技與醫療的手，縱橫於妳的血管與消化道內，盡情歌舞歡唱，要與妳的魂魄生死與共呢！」我的天！我不要還債，我不要殺戮，我要好好看守住我的家園，與先生孩子長相廝守。我要他們健康快樂地活在我的眼前，我也要健康快樂地活在父母眼前。

「那是不可能的！」管家說：「在孩子一出生的時候，妳就把他們的健康快樂權，授給了遠在美國的乳牛，讓日夜受人類摧殘的乳牛，來保障妳孩子的健康。讓一罐罐的奶粉取代妳的母乳，為妳的子孫後代效命。那時妳在為誰效命呢？為財富地位？為理想抱負？」我不知道！因為那時大家都圖方便，都說牛奶的營養不算差，我上班的地點又遠，我就選擇了給孩子奶粉，也給了自己自由……

我還想為自己辯駁，但立即發現那已經有些強詞奪理了，我們窮極一生汲汲營營，努力追求房子、車子、銀子……終至五子登科，達到目標後內心卻仍舊感到空虛，非要等到肉體日趨衰竭之後，才能換得心靈的甦醒嗎？為什麼不在容光煥發、生氣盎然的時候，活出生命真正的光彩與價值呢？

往者已矣，來者可追，終至無語。

「我懂它的意思了，它的意思被我讀懂了。」先生端著他的小盆栽，興高采烈地說：「我一直納悶著，為什麼它會突然竄出一支新芽，幾天之內就長高了一倍，顯得搖搖欲墜的樣子，莖上還長出了鬚鬚，原來它想要繁殖啊！」

「是野芋嗎？」我看它的長相有點像彩芋，但沒有彩色斑點，只有墨綠色的絨質葉片，加上灰白色的葉脈。

「不是野芋，是絨葉合果芋。」先生說：「我想這就是它繁殖的方式，莖上的鬚鬚就是它的根，當它支撐不住垂落地面，碰到了土壤的時候，就可以發展成另一株了。」原來植物的生命也有密碼，也受著因緣業力的牽引，時機成熟了，自然抽芽繁衍，有人仔細地照料它，靜靜地觀察它，終至讀懂了它，也就是它的善業成熟了吧！

「瞧瞧我的蕾絲公主！」先生說：「它的莖上長滿了小芽胞，芽熟了就會自然脫落，落在鐵窗的溝槽裡，照樣長得那麼飽滿！」那是一株綠色觀賞植物，彎彎曲曲的葉緣，厚實多汁的葉面，讓我感覺它活得好踏實啊！有人給它取了個美妙動聽的名字，有人讚賞它強韌的生命力，它的一生應該很滿足了吧！隱約中有一股喜樂自在的感覺升起，是蕾絲公主的喜樂自在？還是我的呢？

雨還在下著，是有情世界在對我說法吧！我聽懂了嗎？只要我保持靜候的心，我願意依循自然的脈動，逐漸與宇宙融合，我終究會聽懂的，會的！

本文榮獲財團法人造福觀音文教基金會二〇一二年第三屆「造福觀音」徵文比賽—散文組／第三名。

小感悟：常與大自然連結

莫要小看了大自然的運作，雖然它不言不語的，但當你與它有了連結之後，很多功能會自動展現出來；包括負面情緒的稀釋與化解，精神能量的提升與滋養等等。

許多清晰明澈的觀念，會在與大自然連結時產生，你會在不知不覺中，生出另一個探索的觸角，或另一雙眼睛來看世界，無形中就與自己達成了和解，與別人消彌了誤會。

讓愛純淨

一旦把「無私」灌注在愛裡，其他雜質自然隱退，愛就純淨了。

愛，無形無相，只是一種流動，一種瀰漫，像一股甘甜冷冽的泉水，也像一陣迷濛的薄霧。純淨的愛就是這樣的和煦自然，讓人悄悄然徜徉其中，沒有一絲懷疑、擔憂、恐懼，所有的情緒戛然而止，只留下一個渾然忘我的場景。

生活中的愛就走樣了，彷彿颱風過後失速的溪流，充滿了沙礫雜草的推擠與衝撞。在與情人相愛的氛圍裡，父母成了溪中矗立的石塊，你的愛情順流而下，衝撞了父母之愛、親子之情；在溺愛孩子的親情裡，又衝撞了夫妻的情愛……矛盾、糾葛、怨懟於焉產生。

愛的本質自始至終從未改變，只是人心的複雜情緒、干擾雜質，讓它受到了汙染；人際互動的比較心態、過度期待，讓它失去了自在。以致於大家在愛的溪流中迷失了方向，產生許許多多的支流，終究無法到達預定的目的地。這就是家庭裡愛的悲喜劇，隔三岔五輪番上演的原因之一，因為家庭裡愛的滋味非常濃郁，根本可以說濃得化不開，只是缺乏純淨而已。

姊妹淘之間的閒談議論，總離不開先生、孩子、公婆，一旦說到彼此愛的衝撞處，還是忍不住淚流滿面；就像晴朗的天空，忽然飄來一朵烏雲，勾起了大夥兒內心深處的情結，紛紛往烏雲底下靠攏，氣氛頓時轉為悲情，大有同聲一哭之慨！有人說愛得太苦了，有人說犧牲太大、太不值得了。

其實烏雲底下也沒有什麼新鮮事，當一種愁悶各自表述之後，大夥兒又為自己續上一杯香茗，扯出另一個話題。適才悲悲切切的劇情，還有渲染開來的萬般愁緒，隨著午後陽光的西斜，也漸漸走遠散去，感覺還真像一齣連續劇，樣貌模糊的劇中人，從拉遠的鏡頭中逐漸淡出，螢幕上出現「明天請繼續收看」的字樣。我猜想：沒有人真心記掛著別人的愛恨情仇、離合聚散，只會在劇情中抽絲剝繭，找出與自己生命故事有關聯的元素，參酌、比較、共振一番，攪拌出酸甜苦辣的、只適合自己品嘗的滋味來。

每當看見身邊堅貞的愛情，開了花結了果，心中難免歡喜湧動；得知一段糾纏的戀情走入歷史，也要跟著欷吁一番。但稍微一轉念，立刻想到世間的無常，男歡女愛更是瞬息萬變，只要男女主角們繼續存活著，婚姻成功與失敗的機率，永遠都是百分之五十啊！世間的愛常被冠以「愛的鎖鍊」、「愛的牢籠」等形容，這就表明了愛是不純淨、不自由的，甚至於是披枷戴鎖、令人窒息的。

人們總是對於眼見、耳聞的事實，抱以深度的崇信，今天的恩愛纏綿與明天的形同陌路，充斥著娛樂新聞的版面；當年生死不渝的愛侶，此刻正以同床異夢為由，讓法官去傷腦筋做裁決。聳動的劇情配合著聲光音效，一而再地對著頭腦進行灌輸，久而久之，人們對真情真愛還有多少幻想存在呢？

燈火敞亮的劇場裡，正上演著京劇《華容道》，關公心腸一軟放走了曹操，臨下場前唱道：「蓋世英雄辜負了，汗馬功勞一旦拋。」他是預備回營領罰的，料想著人頭不保，以致感慨萬千。戲臺下的我，這時也被觸動得淚如雨下，是我太入戲了嗎？我不是蓋世英雄，但被辜負的情緒是有的；我的汗馬功勞也是有的，只不過場景不是戰場上的血跡斑斑，而是家庭裡的忍辱負重、調解斡旋。那把青龍偃月刀所揮舞的，固然是關公掙扎與無奈的悲情，也是我內心潛藏的空乏與渴慕啊！

釋放了情緒的陰暗面之後，我才能站在陽光下大聲質問：這世界到底怎麼了？太平安寧的時代，竟孕育不出互信互愛的伴侶，建造不出溫馨甜美的家庭！想想父母所經歷的離亂戰火、困頓顛沛，卻有著不離不棄的夫妻情義，真讓人思之再三、引頸長嘆啊！

與父親結褵半個多世紀的母親，已經八十多歲了，每當說起情愛、姻緣這一類的事，總還是搖著頭微笑，聲稱不知道當時為什麼會嫁給父親。父親是一個跟著部隊東飄西蕩的流亡學生，卻像賣油郎般地遇上了花魁女。兩人隨著時局的變動，輾轉渡海來到臺灣，一同在軍醫院裡領糧吃餉、結婚生子，過著平凡而刻苦的一生。

舊照片裡的父親帥氣挺拔，同袍之間沒有一個比得過父親。我起先以為是一場惺惺相惜的愛戀，但母親一口否認了它。

「多半是戰亂幫我們牽了紅線吧！」母親說：「否則一個在天南一個在地北，壓根兒就碰不在一起。」的確！一個河北漢子，要如何娶到浙江小姐呢？

母親說起他們張家，在浙江定海是大戶人家，外公擁有許多房宅和田地，被當時的國軍看中，就把整個軍醫院，駐進了張家的大宅院。母親是張家的大小姐，有單獨的廂房進出，根本與軍隊不搭軋，但是不久之後，居然有謠言傳出，說是張家大小姐看上了軍醫院的梁司藥，而且正在談戀愛，說得繪聲繪影。母親心想：梁司藥是誰呀？我根本不認識啊！誰在亂造我的謠呀？於是就上了心事。在偶然的機會中，刻意打聽了一下這號人物，才與父親互相認識、進而交往。這就是我心目中的姻緣天注定、自由戀愛啊！但母親說是相欠債啦！

從母親的口中，我探聽不到纏綿的愛情，卻無意中探聽到外婆無私的愛。

「外婆嘴上是不說愛的，但是卻做了很多善事。」母親說：「記得在我十幾歲的時候，有人介紹一個男孩子給我們當長工，雖然我們並不需要多雇一個人，但見他衣服又髒又破，全身長滿了虱子，外婆不忍心拒絕，就把我的衣服拿給他穿，髒衣服全都燒掉，在家裡把他當兒子般地養著，等到身體養壯實了，正好遇到有錢人家要買兵，就是買一個青年去幫自己的兒子當兵，外婆就讓他帶著賣身的錢去當兵，說是這樣比待在我們家裡有前途。那個男孩帶著包袱，對著外婆千恩萬謝地，歡歡喜喜地出門，那一幕景象，始終存在我的腦海裡，一輩子都忘不掉呢！」

我不曾見過外婆，卻在母親的敘述中，感受到外婆「幼吾幼以及人之幼」的慈愛情懷，那是不經思維、自然流露出來的愛，就是我心目中最純淨、最自由的愛啊！母親也承襲了這樣的愛，一針一線地織進了漂亮的毛衣裡，一飲一啄地餵養了我和弟妹們，讓我們在飽暖中健康成長。

母親不僅以無私的愛滋養了我們，甚至鄰居小孩也分得了一杯羹。

記得那是五十年前，母親救過一個被火紋身的小女孩，過程讓我終身難忘！那時候醫療不普遍，鄉下的老百姓又窮，小女孩被火燒傷了，也不幫她找醫生治療，就任由背後大片的傷口發炎潰爛，死活全看孩子自己的命！母親得知之後心中不忍，就從軍醫院拿了碘酒給她消毒，再擦上黃藥膏，敷上大塊的紗布，每隔兩天去給她換一次藥，治療了好幾個月，才把一條小命保住了。她的父母拎著一籃雞蛋來答謝母親，母親還一直不肯收呢！或許是那散發著母性光輝的一幕，照亮了我的眼目，讓我心中浮現出救苦救難觀世音菩薩的形象！從而走出愛的迷惘，不再因愛受傷。

留在大陸上的外婆，直到九十三歲才因衰老而逝。我私下暗忖：臺灣的醫療那麼進步，母親又有長壽的遺傳基因，一定可以活到一百歲。即便母親的心臟已經裝了兩根支架，行動變得緩慢了，心跳有時會停頓一下，需要心律調節器的協助，但只要她開口說話，那話語就是愛的表達，伴隨著充沛的能量，等待著我靜心領受。

「外婆在家鄉是出了名的大好人。」母親說：「她告訴我，不要怕幫助人會讓自己變窮困，不會的！只要是作善事，門檻上面出去的錢財，會從門檻下面溜回來。也不要怕突然損失了大筆的財物，那是幫你擋災難的，所謂財去人安樂，指的就是這個！」母親的豁達開朗其來有自，愛的表達也乾淨俐落、一覽無遺，即使走過坎坷的戰亂，嘗過困苦克難的軍中生活，那最初始的慈愛與善念，攤在陽光底下，依然是那麼燦爛奪目！我深深感覺：純淨的愛不需費辭嘮叨，甚至於是無言的。只要那一股流動的頻率接觸到了，就是源源不斷的，如果愛得斷斷續續，那一定不是真愛！

「人生歸結到最後只有一個字，就是愛！」這是一位八十多歲的長輩告訴我的，從他謹慎的神態中，我感覺這句話是他生活體驗的結晶。我略一思索：他說得有理啊！生活中處處洋溢著愛，面對父母、師長、同儕、親子……各種深淺不一的愛，造就了每個人的一生。但是我知道：由於愛的不純淨，裡面摻雜了教導、控制、占有等等情愫的雜質，以致於衍生出許多難言的糾葛，編織出龐雜的愛恨情仇，這裡面的憂悲苦惱都是人為造作的，真愛不是這個樣子。既然長輩將人生濃縮結晶成一個愛字，那麼我只要將愛釐清了，人生豈不是就通暢了嗎？

人人都想要一份純淨的愛，尤其是年邁的長者，此生該吃的苦也吃夠了，該展現的威風也展盡了，該享的福也享受過了，可以說眼、耳、鼻、舌、身的體驗都足夠了，正渴慕徜徉在愛的懷抱裡，享受親情的溫暖。無奈的是他放眼四顧，卻遍尋不著愛的滋潤；於是守著馬齒徒增的年歲、逐漸衰老的肉體，等著挑兒媳的毛病、生妻女的閒氣、搖頭自怨自艾……這就走進了老年遲暮的死胡同，與愛的泉源漸行漸遠了。他渾然不知自己心中的愛沾滿了雜質，呈現著乾涸狀態，想給也給不出去；周遭親人的愛，被他周圍無形的框架擋住，左阻右塞、碰碰撞撞地送不進來，終至將自己凝聚成了愛的絕緣體。

這時候，他若能想起還有一個心靈的領域，是他可以用心著墨的就好了，他若是把觀念中無形的框架拆掉一些就好了。他可以在夜深人靜、心也平靜的時刻，想一想：為什麼投入這個行業？為什麼選擇了這場婚姻？為什麼生養了這些子女？一旦想通了，就能朝著善待親友的方向前進；因為現世的親友，都是他宿世的冤親債主及恩人，或許有著尚未了結的恩怨，需要在今生作一了結。越是看起來像仇人的，越要多費一點心思，把冤仇的糾結慢慢解開，只要把通道中的石頭搬開，呈現在雙方面前的就是康莊大道了。如果生命中遇到一種人，看起來笑咪咪的，逢到難處就會伸手幫忙的，那多半是宿世的恩人，他也要懂得心存感激，以純淨的愛來回應，以真摯的情感作為回饋。

他若能常常問自己：為什麼看不到妻賢子孝？為什麼看不到近悅遠來？為什麼看不到賞心悅目的人事物？凡事從自己身上找答案，不要在對方身上作文章，一直問到自己從迷霧中走出來，那麼人生就有轉機了。因為外在的一切境遇，都是自己內心的一面鏡子，是要讓自己反照真實的容顏，認清那剛出深山、未經汙染的愛之泉啊！

有人曾經做過意見調查，詢問一群八、九十歲的老先生、老太太，問他們到了這把年紀，最想做的是什麼事情？他們一致的願望是：希望為這個社會留下一些有價值、有意義的事物。我相信這件事在他們的心目中，被認定是不容易達成的，所以才會成為老來的願望；但實際上這件事並不困難，只要他們能以無私的愛心，善待身邊有緣的親友，這一念之善，當下所輻射出去的能量，就能為他們成就許多有意義的事物，就像一根火柴，點燃了一片森林。

因為受到愛心善待的親友，必然會有好的心情反應在待人接物上，發揮出他潛在的能力，增進了他的人際關係。愛心與善意雖然是無形的，但會藉由他的業績反應出來，好的業績表現，早晚會博得主管對他的信任，層層愛的良性循環，善因結善緣，相互來牽成，最終成就了一番事業，為社會創造了美好的未來。

人生的意義與價值，並非親力親為創造出來的，而是善的發心、愛的付出、美的感受，經過交互作用、輻射反應、心理變化……種種的因緣循環，結出了真善美的果實。很多令人稱道的功業，追溯到它的源頭，往往只是一個無私的善念而已。一旦把「無私」灌注在愛裡，其他雜質自然隱退，愛就純淨了；一個和諧的家庭與社會，就是這樣無私的愛，所共鳴共振出來的呀！

小感悟：改變家人，不如改變自己

愛，雖無形無相，但它啟動的時候你會知道。家庭裡愛的滋味非常濃郁，卻因為參雜了期待、比較……等各種雜質，產生了各種衝撞。請記住，世間一切的境遇，都是自己內心的一面鏡子。拿掉家人這面鏡子，你會完全看不見自己的缺陷。所以，凡事從自己的身上找答案，不要在對方的身上費心思。

小感悟：創造善與美的循環

人生的意義與價值，不一定要親力親為地創造出來，而是善心、愛心與美的因果循環。許多令人稱道的功業，追溯到它的源頭，往往祇是一個無私的善念而已。純淨的愛不會設有條件，如此更顯得珍貴。

第三章

相互成全

一趟覺醒之旅

我認為女兒就是來幫助我覺察、幫助我學習的：
每一個衝突的事件，都創造了一個覺醒覺悟的契機。

我的天才女兒

女兒說：「如果我生在別人家裡，恐怕早就被當成精神病患，送到精神科去治療了。還好妳瞭解我，讓我把心裡的話講出來，這樣舒服多了。」

浴室的白色地磚上，有著豔紅的圓形色澤，有些聚集在一處，彷彿溼濡的花瓣，等待著幾筆黃色花蕊；有些散落在遠處，就像懸空的畫筆，冷不防遇見一陣亂流，將筆尖飽蘸的濃色，灑在了邊陲地帶。

女兒將我從睡夢中喚醒，告訴我說她流鼻血了，自己沒有辦法止住，只好向我求救。原來我並沒有做夢，確實是女兒的鼻血滴在浴室各處，並且把她自己的臉都嚇白了。我把血跡斑斑的衛生紙移開，換成消毒棉花球塞住她的鼻孔，讓女兒坐在馬桶蓋上，告訴她不用害怕，流鼻血很好治療，我在經絡課程中學會了：左鼻孔流血，就捏住右手食指的第二指節，捏七秒鐘，讓血小板有機會執行止血；放開一秒鐘，讓紅血球執行供氧。如是者三，一般的流鼻血，多半一分鐘就止住了。我曾經在菜市場治過一個頑皮的小男生，令圍觀的媽媽們歎為觀止。其實也沒什麼神奇，只是順著經絡的走向，讓血液中的細胞，發揮它們應有的功能罷了。安撫心緒的話剛說完，女兒的鼻血也止住了。

女兒把臉洗乾淨，在客廳待了一會兒，直到確認鼻血不流了，心情平復了，臉上也有了血色，我們才互道晚安，各自回房睡覺。

先生曾經探頭張望了一陣，見我應對得宜，女兒也沒有哭鬧，氣氛顯得頗寧靜的，露出不可置信的神色。我猜他一定想起了過往父女對峙的場面，女兒的無理取鬧，常常令他氣結無言，我又何嘗不是呢？每當她哭鬧不休時，先生就想送她去市立療養院。我總是說嚇唬嚇唬她就好，別真的把她送去，因為她說等了很久，才等到我這個合適的媽咪。他們經過審慎的評估，才決定到地球來走一遭，絕對不能斷送在療養院裡。

他們是誰？先生經常丈二金剛摸不著頭腦。

女兒說，他們有一群人，她只是個代表而已。這也替她不時地自言自語，自問自答，找到了合理的解釋。他們遊走在她的世界裡，參與了她的情緒起伏，決定著她的行為舉止。先生認為我已被女兒洗腦，並不想跟我們摻和在一起，只有在我安撫了哭鬧的女兒之後，他才會豎起大拇指給我按個讚。

我私心以為女兒沒甚麼病，就是二十年前動過腦部手術，觸動了松果體和腦下垂體，所以變得對靈界敏感，她又不善於表達，給人的觀感就是神神叨叨的。據說靈界的靈體數量比人還多，只是我們看不到而已。有些人有陰陽眼，或者開了天眼，就能看見鬼影幢幢。女兒並不是開了天眼，她只是腦波會受到靈界磁場的干擾而已。真正開了天眼的人，潛意識的屏障會打開，宿世的經歷與資訊，就那麼自自然然地流洩到表層意識來，除非你的意識已經達到浩瀚無垠，否則一般人是承受不住的。

女兒只是感應到一些陰暗的磁場、沉重的頻率，然後她就用禱告的方式去問主耶穌，讓主耶穌用方言讓她確認。如果主耶穌給的答案是肯定的，她嘴裡就會吐出一連串的方言，如果答案是否定的，她就一句方言也吐不出來。這不是跟宮廟裡的「問事」差不多嗎？只是她一人分飾兩角，又當乩童又當桌頭，主耶穌就給她當三太子了。

她偶而會告訴我說，妳剛才去哪兒了？帶了五個鬼回來。我一琢磨之下，剛才確實去了一個陌生的地下室，氛圍有點陰沉。於是寧可信其有，以後晚上儘量少出門，免得帶鬼回來。

師父常說：「如是認定，如是顯現。」我一開始就認定女兒是來助我修行成佛的，她鬧得越兇，而我越能平靜以對，又處理得宜的話，就是忍辱的功夫到家。後來我發現也無所謂忍辱，而是在定靜中覺察到事物的本質，自然而然就會忽略了事物的表象。

記得多年前我自以為賢慧，把西瓜切好了剔去了瓜子，切成塊狀擺在盤子裡，送到女兒的面前。原以為她會很開心，沒想到她臉色一沉，問我：「中間的地方怎麼都沒有了？是不是都被妳吃掉了？」她所說中間的地方，就是最甜的瓜峰部位。我跟她解釋說：「這次買的是大西瓜，不是小玉西瓜，所以中間的部位不多，可能壓在下面了。」她找了半天沒有找到，氣得大哭一場。這整個場景就是一個表象，包括無理取鬧的女兒，愣在當場的母親，和一盤可口的西瓜。

本質很單純，就是女兒自我的控制力薄弱，無法接受一個在她預期之外的狀況。攔不住言語，也攔不住情緒，就那麼赤裸裸地宣洩出來，彷彿蒙受了多大的冤屈。簡言之，就是人性中的貪瞋痴，依序在她身上展現無遺。我立刻想到女兒真是菩薩的示現，教導我若不覺知自己的貪，貪吃甜瓜，接著就會生出瞋，瞋恨母親把最甜的部分吃掉了，然後轉成痴，大哭大鬧一場，瓜也沒吃成。

還記得師父說過，並不是在生活中遇到好事才叫「清淨」；而是面對事情時，要看你的反應適不適當，適當了就是「清淨」。所謂「清淨行」就是要順著當時的狀況，做最適當的反應，那個反應是樂觀的、向上的、有建設性的，而且超越了貪瞋痴。當時我在心中略作審視，在女兒負氣轉身的剎那間，我感受到了「清淨」。

從物理學的角度來說，世界上根本沒有所謂客觀的存在，全都是主觀的認定，乃至於世界上根本沒有物質，全都是振動的能量。一個野人在深山裡自生自滅；一朵花在幽谷裡自開自落；乃至一棵樹在叢林中轟然倒下，只要旁邊沒有一個觀察者，它們根本都是不存在的。再以量子力學的角度來看，任何一個振動的能量，你不去看它，不去關注它，它就是波的狀態，一旦你去觀察它，它立刻崩潰成為粒子，讓你觀察到。所以說關鍵不在它，而在你的關注。

我把這樣的觀念灌輸給先生，讓他不要去關注女兒的一舉一動，隨女兒愛睡到幾點就睡到幾點，愛吃多少就吃多少。總之，讓我們用尋常的眼光，乃至眼角的餘光，瀏覽女兒以波的形式，存在於室內室外整個空間，任由她在公園裡嬉鬧，錯過吃飯時間就幫她留些菜。千萬不能聚焦在她身上，也不能去觀察她，否則她就會以粒子的形態，崩潰在你的眼前。

還有一次讓我印象深刻的例子，是一天夜裡感覺冷，我就起來找一條毛褲穿上，女兒正好也起來喝水，看到之後說那條褲子是她的。我問說：「妳現在要穿嗎？」她說：「對！」其實她早就忘記這條褲子了，好幾年都沒去穿它。我說還有一條綠色的我拿給妳。她說不要別的，就要我身上穿的這一條。「我就是怕冷才去找毛褲穿，已經穿熱了妳還叫我脫下來不成？」於是她又氣得大哭一場。為了一條舊毛褲，居然哭得死去活來，當時我感覺到穿了毛褲的腿是熱的，心卻是涼涼的。轉念一想，這也是一個表象，不是誰做錯了甚麼，而是她的適應力薄弱，無法承受屬於她的褲子，居然穿在了別人的身上。體會到這樣弱勢的、無能為力的痛苦，悲憫之情就會不覺地緩緩升起。

當她問我母親節要什麼禮物的時候，我突然在心裡冒出：來一盤沒有瓜峰的西瓜吧！來一條舊毛褲吧！場景歷歷在目，但過程已經化成一條淡淡的修行痕跡，隨著一個抿著嘴的微笑，融化在母女愛的擁抱裡。

師父說，人身難得，如果具有人身而不修行，那就太糟蹋了。不論你賺錢也好，拚事業、拚學位也好，只要過程中時時刻刻不忘修行，那就沒有糟蹋人身。於是我在與女兒互動的同時，謹記著師父的教誨，試圖以同理心敲開她的心門。

多年之後，有一回女兒說她看見一個小孩，躲在牆角邊上哭。我問是睜著眼看到？還是閉著眼看到？女兒說：「這已經不是第一次看到她了。第一次是閉著眼睛看到她，睜開眼睛看見牧師在講道，現在睜眼也能看見。」

「我感覺她不是別人，就是我自己。」女兒說：「但是我怎麼會這麼小呢？而且她都不肯轉過臉來，我看到的是她的背影。我感覺到她的心情，她心裡很難過，牆角又溼又冷，還有蜘蛛在爬，她不願意在那種地方，可是又沒地方可以去。她覺得沒有人愛她，沒有人在乎她，她是被忽略的。」

我順著女兒的話說：「那真是太可憐了，讓我們給她一點溫暖，給她一點愛吧！她最需要的就是愛，就是光，就是宇宙的能量。我們用愛和光幫助她長大，幫助她離開牆角，離開那又溼又冷的地方。」

我沒有想到，從療癒課程裡學會的放鬆冥想，居然在此時此刻派上了用場。

「媽咪！我感覺好幸福喔！」女兒說：「如果我生在別人家裡，恐怕早就被當成精神病患，送到精神科去治療了。還好妳瞭解我，讓我把心裡的話講出來，這樣舒服多了。」

「生在我們家裡，也是妳聰明的選擇啊！」我說：「也許我們早就約定好了，母女倆一起學習成長，演一齣家庭喜劇。妳有難題的時候，我出面幫助妳，我有難題的時候，妳再出面協助我，演出圓滿成功之後，妳回妳的天家，我回我的佛國淨土，不是皆大歡喜嗎？」

我是摸著石頭過河，順著她的性子走，相信她心裡真的住著一個內在的小孩，當外在環境不順意的時候，她就縮進自己的內在去了。這樣的同理心也挺好的，為我打開一扇靈界層次的門窗。

我認為女兒就是來幫助我覺察、幫助我學習的。每一個衝突的事件，都創造了一個覺醒覺悟的契機。若不是為了女兒的身體狀況百出，我不會去學氣功養身，去學經絡按摩；若不是女兒的胡言亂語，我也不會去探索前世今生，去瞭解靈界的點點滴滴。

其實她不只充當負面的對境，有時候也會有高層次的心靈分享。有一回女兒說：「媽咪！有人跟我講話。他說死亡並不可怕，而且要死得好非常容易。我來問看看要怎麼做。」

「妳在心裡問就可以了。」我說：「他們都習慣以心靈溝通的，這樣妳也可以顯得很正常。」

我教導女兒說：他們告訴妳的話，妳就當成是自己的想法，整理一下把它說出來。很多天才型的人，都是用這個表達方式成功的。所以人家說天才與瘋子，只有一線之隔。哪一線呢？就是表達的方式不同。眼前明明沒有人，妳卻說有人跟妳講話，就是瘋子的表達方式；妳如果臉上帶著微笑，說自己有個很不錯的想法，講出來大家參考看看，就是天才的表達方式。

女兒很快就學會了天才的表達方式，她說，人的一生中會發生很多事情，就會產生些大大小小的情緒波動。當波動大到某一個程度，就會形成一個關鍵包袱。死得好與不好，跟這個關鍵包袱有莫大的關係。我們臨死的時候，就是要按照次序去回溯這些包袱中的內容。如果你一生當中，只有很少量的包袱，你就會死得很快很好，甚至是在睡夢中死去。如果你的包袱很多，又很深刻，那就會死得很慢了。

這跟臨死前倒帶現象很像嘛！我回應女兒說：「我明白了，就是情緒不要起伏太大，免得形成關鍵包袱，臨死的時候一個一地打開整理，或者播放出來刺激你，拖著你不得好死。」

「對啦！」女兒說：「就是不要有太多的設定，像是衛生下水道的濾網，網目不要太密，就不會把煩惱的垃圾全都攔下來。設定比較少的人生，就好比網目很稀鬆，攔不住什麼煩惱的垃圾，日子過得就很通暢。」當然，我心想：沒有網目的人生，海闊天空，任運自在，那就更好了。

「哇！我的天才女兒。」我說：「這簡直是大師級的言論嘛！」其實我在心裡想，照女兒這個說法，她以前三天一小鬧，五天一大鬧的，那不是要按次序地重播，死得很慢很難看嗎？好在她忘性特佳，人性中的貪瞋痴也已經淡化了很多，應該會打個折扣吧！我猜想，跟她講話的也許不是別人，而是她靈魂群組裡的長老哩！

女兒在練習天才的表達方式時，又陸陸續續說出一些比喻：我們在降生人世之前，靈體是有雜質的，就像游泳池裡面，有許多的爛樹枝、爛樹葉一樣，必須用網子撈出來，池水才會乾淨。但是靈體的分子太稀薄，範圍又太大，很難把雜質去除掉。所以就自願投生做人，把自己限制在一個分子集中、有實體感，而且範圍較小的軀體中，猶如把池子裡的水舀出一桶來，雜質就比較好清除了。

「想想看，如果你忘記了來時的目的，是要去除雜質、回歸潔淨的，那你平白地受此侷限又是為了什麼呢？」這是女兒分享中最打動我的一句。

女兒學會了天才的表達方式，不久之後就被教會發掘出來，有時讓她帶領唱讚美詩歌，有時讓她分享心得，許多會友都受到感動，認為是神在她身上顯現了奇蹟。只有我這個佛教徒母親知道，這二十多年來的憂悲苦樂，豐富多彩。

總之，女兒有了脫胎換骨的提升，而我也在整個過程中精進修行，沒有糟蹋了難得的人身啊！

小感悟：接納各式各樣的幸福時光

無事一身輕是一種幸福，把事情處理得漂漂亮亮是另一種幸福，人生在世，總要嘗試各種各樣的幸福時光。

人生的奧祕，至今還是一個難解的謎。兩手空空地來，又兩手空空地走。難得降生人世，如果精神層次毫無提升，那你白白受此肉體的侷限，又是為什麼呢？

一個短暫的存在

螞蟻走過的痕跡，是可以擦拭掉的。人類習性所留下的氣味，卻一直跟著你，從生到死，無人能幫你塗抹掉，除非自己覺察到，慢慢修正過來。

我通常是不看電視節目的，難得做完手邊的雜事，抽空歇一口氣，看一個歌唱節目，跟著旋律的節奏，用遙控器順手打著拍子。女兒倏地起身說：「我放棄了！」就轉身回房間。我還沒會意過來，繼續看著節目。女兒過一會兒又跑出來說：「好好地聽歌，為什麼要打拍子？我最受不了這個。還有，早上泡牛奶為什麼要弄出那麼大的聲音？我也受不了。」說完又轉身進房間了。

我愣了一秒鐘，喔！她在表達她目前的狀況，她受不了多餘的雜音，所以選擇離開現場。她是對的，忍受不了外在的環境，就暫時離開，免得情緒失控。接下來見我沒有反應，顯然我還不知道她為何突然說放棄了，於是又出來把話說明白，至於說明白之後的結果是甚麼，她一向是不列入考慮的。

如果我是一般的母親，心中一定會想：我生養妳四十多年，至今還在家裡像寵物一樣地，睡覺睡到自然醒，出門吃個早餐，回來打個盹，就到午餐時間了。下午睡個午覺，到公園戲耍一番，就離晚餐不遠了。我打個拍子礙著妳啦？我泡個牛奶、弄出一點聲響也不行啊？這些斷斷續續的思維，與當下的情境毫無關聯，卻都是煩惱的吊鉤，企圖從過去的儲藏室裡，鉤一些素材出來，提供給當下的情緒編織使用。編織妥當之後，只要女兒一照面，就能劈頭蓋臉地數落她，灑她個滴水不漏。

我可不是一般的母親，我會趁著這個當下練習接納、練習無我、練習無分別。實際上並沒有一個我，這個我只是意識的聚合，與其他意識相遇之後，形成了一個假的自我感。連自我都不真實，他人更是一個短暫的存在而已。

據說，一旦達到無分別，就像心忽然開了竅一樣，那個永恆不變的本質、真我的活水源頭，就會自然呈現出來。也有人形容這樣的場景說，外面的環境都還在，但你不在了，你清清楚楚地知道，那個原先的自己不在了。與自己有關聯的責任義務、恩怨瓜葛也隨之不見了，最重要的是身心百般的痛苦也一併終結了。每日聒噪不安的頭腦回到單純狀態，尋找不到任何待辦事項。

天啊！這不就是神聖恩典的開始嗎？

我的終極目標就是這種身心狀態的顯化，而不是世間的小情小愛、小恩小怨。這時再回顧一下剛才的情境，感覺四周很空曠，沒有一個需要被教導的女兒，也沒有一個憂悲苦惱的母親，更沒有一堆要去努力達成的目標，只有一個暫時存在的我，正在體驗著生活的每一刻，享受著當下的點點滴滴。

根據我和先生的觀察，女兒已經有躁鬱症的傾向，每天自言自語，停不下來。先生聽煩了，就用唉聲嘆氣來表達無奈。我呢，既要承受自言自語，又要承受唉聲嘆氣。但是又何妨？那只是他們各自的一個呈現而已，與我甚麼相干？我只要決定當下不受影響就行了。我心裡知道，他們的一個短暫呈現，背後有著非常複雜的因緣，包括個人的習性、耐受度、價值觀等等，根本不是一時半刻可以釐清的，所以我保持著當下的清明，不去干涉也避免介入。

看過螞蟻出外覓食吧？為什麼牠們不會掉隊，一個接著一個井然有序，回程也能亦步亦趨地鑽進洞穴？那是因為牠們的腳上有腺體，會分泌一種體液，散發出特有的氣味，螞蟻們用觸角一嗅就分辨出來了。所以說，牠們是凡走過必留下痕跡。其實人類也不遑多讓，生生世世所走過的，都留在潛意識裡，有功力的催眠師要調閱有關資訊，它就會從當事人的嘴裡說出來；否則它就沉睡在右腦的皺褶中，帶到下一個輪迴去了。

根據科學家的研究，人腦的神經細胞約有一千五百億個，左腦只占了百分之五，剩下的百分之九十五都集中在右腦，處於未開發使用狀態。我們左腦所產生的意識，這是大家都熟悉的顯意識；一旦意識從左腦轉入了右腦，顯意識立刻轉化成潛意識。顯意識所產生的神經衝動，它的傳導速度是每小時一百二十英里；潛意識所產生的神經衝動，它的傳導速度是每小時十萬英里。

由此可知，從潛意識所發出的腦電波頻率，跟顯意識比較之下，是上萬倍的增加。這就是為什麼一個鋼琴家，一首曲子要彈到萬遍以上，那種磅礴的氣勢才能震懾全場。一個書法家要寫到一池盡墨，才能揮毫出鬼哭神泣的作品來。那種潛意識發揮出來的磁場，是造不了假的，是無人可擋的。只不過它也是兩面刃，別人擋不住的你要先擋住，否則被它淹沒了，也只好去精神病院報到。

對於已經發生的事情，一定會有它的理由，所以根本不用問，祇要接納就好。因為祇要一開口問，不論你的問句是幾個字或者是一長串，都會被一張習性所編織的網襯托著，網子下面還帶著些大鉤小鉤備用，才不會在爭執到後來，顯得後繼無力。你以為正在使用背景資料，據理力爭自己的立場，其實多半被自己的習性、設定用去了。

螞蟻走過所留下來的痕跡，是可以擦拭掉的，很多人都做過實驗。你祇要把牠們路徑中間的一段塗抹掉，就會看到一堆行色迷茫的螞蟻，轉來轉去找不到歸途。人類習性所編織的網子，同樣有特殊的氣味，所以也稱為習氣，好比窮酸氣啦！書卷氣啦！但是沒有人能幫你塗抹掉，除非你靠著修行，把它一層一層地消除掉。否則，它就是一張氣味獨特的業力網，從生到死一直跟著你。冤親債主就是憑著這張網認出了你，憑著網上的氣味緊緊跟著你。

誦經持咒、吃齋念佛，只是為了消除網上氣味的手段而已，也就是一般所謂的消業障。業障無形無相，你是看不到的，但可以感覺得到。好比正要陞官發財的當下，突然殺出一個程咬金來，說你是個十惡不赦的、臥底多年的叛徒。又好比正要抱得美人歸，卻有前女友來鬧場，說你始亂終棄。這就是明白告訴你，還有前債未清、前情未了的業力在啊！怎能讓你順順利利地功成名就、百年好合？

這時候你祇能在心底大嘆一聲：業障深重啊！

如果別人給出一，你的回應永遠是二，那你是毫無長進的。好比說別人的作為不如你意，你立刻就拍桌子、翻臉。二十歲的時候如此，到了七十歲還是如此，那我就非常好奇了，這五十年你是怎麼過來的？反應如此雷同，表示你還待在同一個層次，過著原地踏步的日子。這時候就要有人提醒你：該要懂得自我反省，提升精神層次了。當別人給出一的時候，你是否還有別的回應方式？如果你能停一兩秒鐘，選擇一個更好的回應，這就表示你的心靈有了空間，有選擇的餘地了。一旦不再被習氣牽著鼻子走，心靈的成長也就從此刻開始。

你一次又一次地做了更得體、更和諧的選擇，無形中就操練了你自己的心性，墊高了你內在的基底，如此，靈魂振動的頻率就會慢慢提升了。這整個的過程必須要你自己有覺察，因為周圍的人不可能知道你的心靈背景，更不可能對你指手畫腳。

記得有一年搭高鐵回臺南過年，坐接駁車的時候，一家三口祇有一個位子，就讓體弱的女兒坐了。後來侄子回來時，我問他有位子坐嗎？他說：「我是叫計程車回來的。」我看他一個人，拖著一個小行李箱，竟然就叫了計程車，車資大概三百八十元左右。我們一家三口，拖著一大一小兩個行李，居然去擠接駁車，太不可思議了！當下我立刻有所覺察，肯定是我們的觀念太落伍了。

記得再早兩年，兒子送媳婦去搭高鐵，也是叫計程車，回程時兒子一個人，空著一雙手，還是叫計程車，來回車資大概七百多元。那時候我認為他們是高所得，出手大方慣了，還不太在意。侄子剛畢業沒幾年，收入還不算多，交通違規的罰款還都是我幫他繳的。他的出手竟然也這麼大方，就讓我大大的震撼了。他的說法也頗有道理：「一年才回來一次，不必省那個車錢啊！」自從聽了他這句話以後，我就從善如流，沒有再搭過接駁車，自覺對振興經濟也有一點小貢獻。

這是每個人的價值觀，沒有誰對誰錯的問題，就是觀念的不同而已。節儉是個好習慣，在經濟拮据的時候是可以保命的，所以第七意識執著這個習慣，當作金科玉律一般奉行，別人稍有違背，就起怪罪之心。其實現在經濟寬裕了，叫個計程車節省時間和體力，是十分恰當的。重點是你要看得到這個執著，才能衡量著把它消除掉，萬一你沒看到自己的執著，反而以為別人浪費，那不是徒增煩惱嗎？

女兒除了自言自語之外，看電視的時候也會跟電視對話，有時候批評劇情，有時候預測結局。我很想跟她說：「妳自己看就好，不要發表其他意見。因為我們都沒有在看呀！」繼而一想，讓她繼續說吧！既然自言自語都可以接納，跟電視對話又有何妨呢？這就是內在有空間的好處，稍一思索就知道該不該發言，不會有話收不回來的尷尬和懊惱。女兒活在她自己的世界裡，你就不能把她當作一個正常的人。

「媽咪！妳過來一下。」我放下手邊的事情，以為她有什麼新發現，結果她說：「我知道蟑螂藏在什麼地方了。就在筷插子底下。妳看牠藏得多好，不太容易被打到哩！」我看了一眼，點點頭，就讓它過去了，這也是內在有了空間之後的表現。否則以我的個性：「妳誰呀？把我叫過來，只為了告訴我，蟑螂有個好的藏身處。我若把這些雞毛蒜皮的小事，都把妳叫過來描述一番，妳一定煩死了，恨不得縫上我的嘴！」可見老舊的想法還是有它的軌跡存在，只是轉了個彎，選擇了一個更好的表達方式而已。

記得不久前在一個讀書會的群組裡，會員彼此的感情非常好，經常聚會並且互動頻繁。當下有人問某位大姐：「妳的腰痛已經好了，是怎麼治好的呀？」她說不知道呀！它自己不知不覺就好了。我當時愣了一下，她難道忘記了嗎？我曾經把她約到家裡來，幫她做了經絡療法，還借了一個遠紅外線的護腰給她圍上。她肯定是忘記了，否則不會當著我的面這麼說，至少要迴避一下嘛！不過我也只愣了一秒鐘而已，繼而一想，她忘了是好的，證明她是活在當下！反而我記住了不太好，占據了記憶的空間，沒有做到「事來即應，事過便休。」萬一再因此心生嫌隙，那就更不好了。

每個人腦子裡的世界都不太一樣，年紀大的人顛三倒四，常常弄不清楚今夕是何夕。年紀輕的人又不著邊際，在理想與夢想之間徘徊不定。至於那些有點憂鬱的，有點痴呆的，就更是複雜了。但是無論你遇到了哪一款人，都必需給予理解和尊重，並且給他們留出一個發洩、疏解的管道。

女兒向我告狀說：「爸爸不知道哪一條筋又不對勁了，我剛走出浴室的門，他就把浴室門踹開，有話可以好好講，幹嘛這麼暴力？」我說他衹是在呈現他自己而已，跟妳沒什麼關係。妳既沒有辯解，也沒有用哭鬧來回應，非常好！

「我根本還沒有反應過來呀，之前叫我浴室門要關好，免得穢氣跑出來，現在又叫我門不要關，那到底要我怎樣？」觀察！觀察！不要去聽他說什麼，要看他怎麼做。上了年紀的人，嘴裡說的跟心裡想的，有時候不太一樣。你看他走出浴室的時候，會留十公分的縫隙，而沒有把門關死，你照他這樣做就好了。至於他在妳面前踹門，可能是發洩心中的不滿。每天聽妳念念叨叨的，累積起來一次還給妳，也不算過分，正好而已啦！如果不發洩出來，積在心裡面也是會生病的。好在門也沒有踹壞掉，腳也沒有踹受傷，就算是功德圓滿了。

「以前都會為這種小事哭鬧一場，現在想想覺得很不值得。」女兒說：「可見我現在跟從前不太一樣了，有點進步的感覺。」豈止是不太一樣，簡直是大不相同。這跟每個人的能量有關，當你能量低的時候，就會被情緒所操控，一旦能量提高了，就會發現那些破事都是垃圾而已，根本不值一顧。

唐朝的詩人白居易，老早就有這樣的體會，所以才會寫下這首〈對酒〉：

「蝸牛角上爭何事，石火光中寄此身，隨富隨貧且歡樂，不開口笑是痴人。」別說從宇宙的角度了，就算從地球的角度來看，我們都是活在蝸牛觸角上的一群人，居然為了一點點的利益，爭得你死我活，何苦來哉？人的一生，真的就像兩個石頭相撞，撞出了瞬間的火光，只是一個短暫的存在而已。你衹要覺察力不夠，就會被拖進那個低頻的振動裡面，浪費了當下美好的光陰。既然人生是自己的，世界也因人而異，那就忽略掉每一個令人不悅的、短暫的存在，按照自己的節奏，瀟瀟灑灑地走一回吧！

小感悟：讓心有迴轉的空間

無意識的思維中，有許多煩惱的吊鉤，主動幫你勾出一些負面的素材，提供給當下的情緒編織故事，讓劇情得以發展。這時候，就是你練習接納，不受頭腦制約的最佳時機了。

當你能量低落，內在沒有空間的時候，很容易被情緒操控，做出魯莽的事情。倘若你能一次又一次嘗試做更和諧的選擇，無形中就操練了你自己的心性。一旦能量提升了，內在空間寬廣了，遇到衝突，就能夠更輕鬆地轉彎。

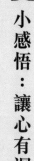

四目鬼王與海盜船長

到底是我在作夢，還是女兒在作夢啊？我很清醒啊！沒錯，作夢的是女兒。

我聽到隔壁房間女兒的哭聲，哭得很傷心。我睜開朦朧的眼睛，用腳摸索到拖鞋，下床輕輕地打開臥房門，瞥一眼螢光的鬧鐘，正是凌晨十二點四十五分。我來到女兒的房間，捧起女兒的臉，問她為什麼哭？

「不知道！」女兒說：「覺得心裡很難過，就哭起來了。」我很能體諒地將她摟在懷裡，任由她抽抽噎噎地哭了十幾分鐘，感覺自己內心五味雜陳：一個中年的女兒，心態卻停留在十九歲，經常哭倒在一個六十多歲母親的懷裡，像個淚人兒似的。

難道時間老人將她遺忘了嗎？還是醫生在幫她動腦部手術的時候，不小心取走了成熟關鍵的部分腦細胞呢？再不然，是頑皮小精靈趁虛進駐在她的腦子裡了嗎？想著想著，我眼眶也溼潤，有一點想哭了。

不知道母女相依了多久時間，我察覺女兒的頭不安分地扭動著，就將身子挪開來說：「感覺好些了嗎？」

「嗯！好些了。」女兒用手背揉了揉眼睛，母女倆四目相對，女兒突然吃驚地問：「媽咪！妳怎麼只有兩個眼睛？」

「兩個眼睛有什麼不對嗎？要不然我應該有幾個眼睛？」我口裡反問著，心裡卻止不住地打鼓，想著：今晚恐怕又很難打發了。

「四個眼睛！」女兒說：「妳應該有四個眼睛，妳原先有四個眼睛的，而且看得又遠又清楚。現在怎麼只剩兩個……」一面伸手在我的眼前比畫著。

「四個眼睛一字排開嗎？那該有多麼醜啊！鼻子嘴巴該放在哪呢？」我的頭搖成了波浪鼓，表示絕不可能！

「我沒有看見鼻子嘴巴怎麼放，但四個眼睛放在臉上並不難看。」女兒還在認真地比畫著。

「唉喲！最近我的一個眼睛發炎，點眼藥水就夠麻煩了，第一劑點完了之後，休息五分鐘，再點第二劑。四個眼睛要怎麼點啊？煩死人了。」我一面隨口說著，一面定睛在女兒的表情上，希望把氣氛搞得輕鬆一點。

「媽咪！妳不要打開岔。根本沒有點眼藥的問題，因為我們的世界沒有疾病，想做什麼就做什麼，想到哪裡就到哪裡。」女兒閃爍著水汪汪的雙眼，彷彿見到了一個天堂般的世界，正琢磨著如何表達出來。

「妳現在想做什麼也可以做啊！」我將她一把摟過來說：「妳想到哪裡也可以到哪裡啊！告訴媽咪妳想做什麼？」

「那是不一樣的，妳能夠飛嗎？」女兒略微一掙扎，就掙脫了我的懷抱，自顧自地說：「我是說，自由自在地飛啊！飛啊！想到哪裡，一下子就飛到了。」

「我們可以坐飛機啊！」我耐著性子與她周旋：「也許一下子到不了，來個兩三下子就到了啊！」

「不需要的！」女兒說：「不需要坐飛機，也不需要翅膀，我們就可以飛來飛去了，我們很久以前就在一起了，我是聽命於妳的，妳都忘了嗎？」見我一臉茫然的樣子，女兒難掩失望的淚水又撲撲簌簌地落下來。我想讓她痛快地哭一陣子，又怕驚動了熟睡的先生，下意識地回轉身把房門關上。轉身的剎那間，還捏了捏自己的臉頰：到底是我在作夢，還是女兒在作夢啊？我很清醒啊！沒錯，作夢的是女兒。

「我好後悔喔！」女兒說：「為了一個承諾，我一拍桌子，反正十八年後又是條好漢，我自己結果了自己。結果……結果現在困在這個身體裡，什麼能力都施展不出來，我……我原先是個很有能力的人。」女兒涕泗交流的臉龐上，流露出認真懇切的表情。

「這是沒有的事啦！妳一直都很平凡，很普通的，沒有什麼特別的能力。妳是在講一個夢境吧？睡著了作個夢很好啊！要不要繼續睡覺？睡著了還可以繼續作夢……」

「唉呀！跟妳講不通啦！」女兒說：「我之所以會來這個人世間，目的就是為了再死一次，告訴妳吧！我記得清清楚楚，我已經死過一次了，雖然死的不太值得，但就是死過了。」

「起床囉！小懶蟲！」先生的吆喝聲，把我從睡夢中喚醒，也不知昨晚是怎麼結束的。哦！不對，應該說不知凌晨是怎麼回床上睡的。

「別鬧！別鬧！」我用手擋開先生說：「女兒昨晚已經把我鬧慘了。你不要再來湊熱鬧。」

「是喔！」先生收起了嘻笑神情，一派關心地問：「女兒又跟妳說些什麼胡話了？」

「唉！也沒什麼啦！」我不想多說，因為最近父女的關係有一點緊張，尤其聽說我有飯局要出門，父女就各自回房間，一副人不犯我我不犯人的態勢。我一回到家裡，父女倆又會個別向我告狀：「我都沒有講任何一句話啊！女兒有什麼狀況別怪我！」「我今天很正常啊！沒去招惹爸爸。」

我梳洗完畢，隨口問先生：「有沒有菩薩或魔鬼是四個眼睛的啊？」

「有啊！」先生說：「四目鬼王就有四個眼睛，《地藏菩薩本願經》裡講得很清楚啊！不信我翻給妳看。」

「信啦！信啦！」我說：「那四個眼睛的排列方式如何？」

「就是在我們眼睛的位置，排成兩行啊！」先生說：「我也有圖可以翻給妳看。五目鬼王也有，就是像二郎神一樣，四個眼睛的中間再加一個眼睛。」

「原來如此！」我說：「難怪女兒說，我的四個眼睛排成一列，還不難看。原來鬼王真有那麼多的眼睛。」

「妳什麼時候有四個眼睛了？」

「就是昨晚啊！」我說：「女兒看到我以前有四個眼睛，現在只有兩個眼睛，她覺得很疑惑，還有我和女兒以前會飛，現在不會飛了，她也無法接受。」

「我就知道女兒又說胡話了，鬧得妳一夜沒睡好，這孩子！」先生嘴裡埋怨著女兒，眼睛卻在我的臉上打量，難不成他也在為這四個眼睛安排位置嗎？

「看我幹什麼？」我似有警覺地說：「四個眼睛一字排開，女兒說還不算難看喲！我說就是點眼藥麻煩一點。哈哈哈！」在一連串戲謔的笑聲中，夫妻倆分別展開了例行的晨間作業，燒一壺開水泡五穀雜糧粉，權充早餐。餐後囫圇吞下一把保健的藥丸，我拖著菜籃上市場，先生收拾茶几開始誦經。

菜籃的兩個輪子在柏油路面摩擦著，我無意識的眼神朝向前方，腦中滾動的卻是這十幾年來的經典畫面。考上大學卻罹患腦瘤，是女兒人生的一個大轉折，也是我們家庭的一個大考驗。所幸的是，我們都抱著學習的態度，一點一滴細細品嘗。

還記得女兒手術前要先做一連串的檢查，在做過核磁共振之後，女兒語出驚人地說：「我曾經是一個戰士，手裡拿著長長的武器，但是我的膽子很小，別人都很勇敢地殺敵，我卻蹲在地下，嚇得全身發抖。」

「妳是在說夢話嗎？」我問。

「不是的！我真的看見了。」女兒說：「而且知道那個膽小鬼就是我自己，雖然樣子長得不一樣。」

住院期間，女兒的胡言亂語也不曾稍歇。

「不要啦！」女兒說：「我媽不會讓我出去玩的啦！我還在生病呢！」

「妳在跟誰說話？」我問她：「誰要約妳出去玩？」大半夜的，其他病床的人都睡著了呢！

「有兩個小朋友啦！」女兒說：「他們每次都晚上來約我，叫他們白天來，他們都不聽，晚上我不能出去啊！」

「他們是誰？來了嗎？在哪裡？」我吃驚地四處張望著。

「在阿嬤的床邊上。」

「妹妹！妳不要嚇我啊！」隔壁床的阿嬤大驚失色，趕忙從床上爬起來。

「真的啊！」女兒說：「妳不要那麼大聲講話嘛！妳看！他們都被妳嚇跑了，

不過沒關係，他們明天晚上還會來。」我根本來不及制止女兒，面對驚恐的阿嬤，只能說：「小孩子喜歡亂講話啊！阿嬤不要見怪啦！」想不到隔壁阿嬤第二天就換房間了。

「媽咪！」女兒說：「妳什麼時候去東京啊？」

「我沒有要去日本啊！誰說我要去東京了？」

「我又弄錯了！」女兒說：「媽咪！妳看我什麼時候才會正常啊？」

「妳少說一點話，感覺就比較正常了。」我說：「我想至少要半年才會完全正常吧？」

「那麼久啊？」女兒說：「那我裝啞巴好了。」我心想：半年能恢復正常就偷笑了，裝啞巴？那才真是天方夜譚呢！

「媽咪！原來妳以前當過海盜啊！」女兒說：「還是船長呢！我是妳的水手喔！妳戴著一頂船形的大帽子，腰上還圍著一塊老虎皮，好威風，好帥氣喔！」

「妳又在說夢話了。」我說：「這樣顯得很不正常喔！啞巴作夢用比畫的就行了，幹嘛說出來嚇人一跳。」

「跟妳說不是作夢，妳怎麼都聽不懂呢？」女兒睜大了眼睛：「我根本還沒睡著呢！」

「好吧！不是作夢。」我問：「妳怎麼知道我是船長呢？」

「唷！看衣服就知道了嘛！」女兒說：「看妳穿得乾淨又神氣，手裡還拿著指揮刀似的，我們水手穿的就有點髒兮兮了。」我很想一笑置之，但慢慢發現女兒的夢不是單元劇，而是內容豐富的連續劇。

「有船開過來了！」女兒說：「媽咪！快去看看是荷蘭的還是比利時的？我們要比他們先一步到達。」

「沒有船開過來呀！」我說：「妳是女兒不是水手，我是媽咪不是船長，妳躺在床上睡覺，我陪著妳，天還沒亮呢！」

「天什麼時候亮？」女兒說：「天亮之後要趕快打扮好，有帥哥要來接我們去他的島上玩。」

「什麼帥哥？什麼島？」我這時睡意全消。

「金髮帥哥啊！他好像對妳有意思哩！」女兒臉上浮出曖昧的笑意。

我就這樣半真半假地，聽了一個月的故事，感覺有些連慣性，可信度頗高，卻又說不上來。因為女兒腦袋開過刀之後，早上吃的是稀飯還是包子，到下午就不記得了，她若不是當下腦海中的顯像，如何去記住那麼多的劇情呢？

我偶爾跟先生抱怨說：「晚上沒睡好，常常要聽女兒半夜講故事。」被女兒無意中聽見了。

「有故事聽還嫌，哼！」女兒說完這一句之後，就真的不再講海盜船的故事了。隔了好一陣子，我試探性地問她說：「妳的海盜朋友還有來找妳嗎？」

「什麼海盜朋友？」女兒說：「那是夢裡的事，不要隨便講出來，不是嗎？媽咪呀！妳怎麼大白天就說起夢話來了。」想不到還被這個伶牙俐齒的女兒給搶白了一頓。

經過女兒一個多月的薰陶，我真的覺得自己有一世可能是海盜，也許女兒有一世是海盜。這樣的記憶埋藏在女兒的潛意識中，經過腦部手術的翻掘，片段地呈現在夢境中。這是我片面的解讀，或許有些牽強附會，但卻神奇地讓我的身心獲得莫大解脫，那是一種既單純又輕鬆的感覺，覺得自己再也沒有什麼可以失去了。換句話說，失去再多也是理所當然的！誰叫自己當過海盜呢？有時親友屢屢借錢不還，我依然笑臉相迎，因為他有可能是當年船上的水手，也有可能是被搶的商人旅客，誰知道呢？

人生際遇多半是安排好的，沒有你選擇的餘地，只能藉境練心，不斷地提升，在哪兒遇到了障礙，就在那裡學習，在那裡反省，在那裡提升，然後繼續往前走。照顧病人的辛苦是有的，但我順著藤摸瓜，摸到甜瓜吃甜瓜，摸到苦瓜吃苦瓜，把心力專注於角色的扮演，以及內在的轉化，久而久之，就會發現有喜悅、平靜、智慧默默地揉合著，漸漸地發酵著，一股醇厚的香味，不經意間從內心穿透出來，那時就有一些離苦得樂的況味了。

小感悟：解讀你的夢境

夢境雖然不太真實，甚至有些荒誕不羈。但它背後所隱藏的奧祕，也不可小覷。若能用心解讀，多少會有一些蛛絲馬跡的線索，堪供玩味。它有可能是我們日常中情緒的釋放，也有可能是前世的記憶，埋藏在潛意識中，透過夢境片段浮現。

累世間，我們可能已經扮演過許多不同角色，不論這一世拿到什麼劇本，只管把自己的角色扮演好，借著生活中的角色，慢慢轉化內心，提升能量，才會有喜悅、平靜、智慧的活水，逐漸從內在流淌而出。

活著走出故事

親自照顧長輩的經驗，消耗著我的時間和體力，揉進了我的汗水和淚水，待它們發酵之後，又逐漸轉變成了我的資源。

我曾經是一個歌舞伎，只賣藝不賣身。結果因為太孤芳自賞、高傲不羈，得罪了官場上的人，就在我營救兩個忠臣時，事跡敗露，被人用藥毒死了。

雖然我沒有學過音樂，但我會創作一些歌曲，也會編導一些戲劇，這都不是憑空得來的，而是我從前世帶來的一些工具。

我曾經是一個將軍，身經百戰，為朝廷立下了不小的功勞。後來被奸臣讒言所害，失去了皇上的信任，在含冤莫白之下，拔劍自刎了。現在想起來非常不值得，那一群賤貨的嘴臉歷歷在目，而我卻像個蠢貨一般，妄想以死明志。

每當女兒拖著今生的殘軀，訴說著前世的情節，頓時會讓氣氛變得有些詭異。但我不能有任何質疑，也不能默然地走開，只能唯唯諾諾地傾聽。表情要帶一點專注，加一點好奇，似笑非笑地點著頭表示認同。多年來的經驗告訴我，這是最好的應對方式，否則又將帶來一場情緒風暴。

曾幾何時，這些看不見的場景和人物，已經成為了我們的生活日常。更何況還有四個不知名的靈體，會隨時跳出來串場演出。女兒說其中一個是好的，經常教導、提醒她一些事情，另外三個是來搗蛋的，經常惹得她不開心，帶來煩惱重重。我能說什麼呢？只能全盤接納，並以冤親債恩來稱呼它們。我相信這些無形的靈體是存在的，只是一般人無法感應，也就沒有什麼困擾。對於那些體質敏感的人，或者身體失去保護層的人來說，卻是莫大的苦惱呢！

媽咪！謝謝妳聽我說話，讓我不致於像個神經病一樣，自言自語，自哭自鬧。我原先是個很有才華的人，長得很漂亮，身材也很好，還會跳各種美妙的舞蹈，完美無瑕的身姿隨著音樂旋轉，就像天女下凡一般。數不清的皇親貴冑，拜倒在我的石榴裙下，我卻不屑一顧。這些都不是我編造的，而是一張張的畫面讓我了解到的。剛開始我並不知道畫面中的歌舞伎就是我，後來又出現了一些今生的熟人，我心裡念頭一動：他為什麼會在這裡？於是就有他和歌舞伎之間的關係回應給我。在好幾個不同的人出現之後，交叉比對了幾百張的畫面，我才恍然大悟，確定那個歌舞伎就是我。

我相信這些不是女兒編造的，誰會去編一些讓自己痛苦、懊悔的故事，把自己困在一個牢籠裡，用前世的風雨遮蔽今生的陽光呢？說出來的故事怕別人不相信，不說又會把自己憋死，終日沉湎在畫面和夢境裡，面對著前世風雲起伏、氣概萬千，回到今生卻連「正常」兩個字都是奢望！避開女兒無辜的眼神，我也有點茫然了，難道就讓她帶著前世的悲情，度過這既灰暗又委屈的一生嗎？

女兒一向聰明伶俐，若不是腦瘤開刀的後遺症，取走了她的短暫記憶，打亂了她的人生步調，她應該也能結婚生子，建立自己的家庭，而不致於高不成低不就，整天窩在家裡，提前過著衣食無慮的退休生活。起先我還會勸她，有多少資源做多少事，總不致於一事無成。後來發現全都是反效果，她的頭顱被打開之後，不但失去了一層隱形的保護膜，腦中彷彿還嵌入了一個隱形的轉化器，任何好言好語都會轉化成惡冤家，最終鬧得不歡而散。於是我只好以平靜和諧為前提，儘量減少言語上的互動，以免不小心觸動了她宿世的垃圾桶，又滾出一堆莫名其妙的人事物來。就這樣兢兢業業地相處，顫顫巍巍地度日，隨著她的情緒跌宕起伏，自然摸索出一套應對模式，保住了一家子相安無事的生活。

我始終不相信，自己會生下一個一無是處的人。即便女兒胖到蹲不下去了，我依然給她買新衣服，希望激起她愛美的心。即便她房間亂成一團，我依然給她整理出空間來，讓她乍見之下有著敞亮的驚喜。最不可思議的是，當我把她的浴室刷乾淨之後，驚呼著讓她來看一眼，效果令人不敢相信呢！她卻在沙發上冷冷地回了一句：「我沒有這個好奇心！」

難不成她就是上蒼用來修練我的最後一個對境嗎？我曾經送走了胃癌的公公，中風的婆婆和母親，其中的甘苦實不足為外人道。兒子心疼地說：「媽咪！妳好像一直都在照顧病人，為什麼重擔都落在妳身上呢？」我回答他說：「因為我最健康又最善良啊，所以上蒼安排了這些病苦的人在我身邊，讓我可以就近照顧，省卻了六度萬行★[4]的奔波勞碌。」

終於皇天不負苦心人，女兒四十歲前後，在教會獲得了重視，擔任詩歌班的領唱，還自編自導自演聖誕短劇，儼然成了一個重要角色。我心想：這下可好，宿世帶來的工具能夠派上用場了。好處還不止於此，她與那四個冤親債恩糾纏多年的溝通能力，也在不知不覺中發揮了功效。

記得就在三姑癌症過世的彌留期間，先生已經趕至安寧病房等待應變，我在家裡留守。臨睡前女兒突然哭著說：「三姑來看我了。因為我沒有去看她，她不放心，所以過來看看我。」

我心裡知道三姑當下應該已經走了，因為全部親友都去安寧病房看過她，只有女兒身體差，不方便去看她，所以她一過世，就迫不及待地先來看女兒。我叫女兒不要只顧著哭，看看三姑需要我們什麼樣的幫助？

「她知道她已經死了嗎？」

女兒說：「三姑知道她已經死了，所以現在沒有身體的痛苦，只是有些捨不得，放不下。」我就勸慰三姑說：「不要捨不得，妳現在來去非常自由，想去澳洲看兒子女兒、孫子孫女，隨想隨到，也不用搭飛機了。」

「爸媽有來接妳嗎？」我對著女兒的身體，問著三姑的靈魂。

女兒即席溝通說：「有看到爸媽在遠處，但是我過不去，腳下沒有路可以走。甚至我連腳都看不到，被一大團黑色的霧遮住了。我之前忤逆過爸媽，恐怕他們也不會主動來接我。」女兒說完又開始大哭，還用手指著空中，表示那是替三姑哭的。

「有看到佛菩薩來接引嗎?」

女兒說:「沒有看到耶!」我用表情問女兒:是妳沒有看到,還是她沒有看到?「她沒有看到啦!」

那該怎麼辦呢?我情急之下想要助她一臂之力,就把精舍的〈告別式儀軌〉拿出來誦給她聽,誦完之後叫女兒問問看對她有幫助否?女兒轉達說:「她聽不太懂,但是聽到地藏王菩薩聖號,會升起一陣歡喜心。」於是我就專門誦念地藏王菩薩聖號給她聽。每次誦念二十一遍,誦過三輪之後問她感覺如何?她說很好啊!感覺腳下的黑霧變淡了許多,心情也輕鬆了許多。

三姑拜託我們要多關照一下姑丈,因為姑丈對她非常好,對她的兩個孩子也視如己出,可惜自己身體不爭氣,已經無福消受了。

我們就這樣閒話家常近一個小時,我怕女兒體力承受不了,就勸三姑先去澳洲看看兒子女兒,咱們改天有空再聊。

這一場即時的「與靈對話」,似乎提升了女兒的層次,讓女兒的言行舉止收斂了許多，脾氣也和緩了許多。因為三姑明白表示，她就是女兒的一面鏡子，人生走錯一步，全盤皆輸。回顧她的一生，可說是壞在了脾氣上。她非常後悔忤逆了父母，但父母也不該一直怪她搞砸了婚姻呀！那時她一個人在澳洲奮鬥，離了婚獨自扶養兩個孩子，壓力大到十分可怕，情緒失控也是沒辦法的事呀！

三姑想繼續為自己辯解，翻來覆去地說沒辦法、受不了、氣死我啦！語氣跟女兒脾氣發作時一模一樣，惹得女兒情緒也跟著激動起來。我立刻制止女兒說：「三姑要講的事我都清楚，妳不用再幫她溝通了。我們只要勸慰她，過去的事就讓它過去，走好未來的路才是正途。」我還真擔心女兒的情緒會被她挑起，不由自主地與靈共舞一番，那就是另一場災難了。

我把這一幕靈異的體驗，告訴了一位通靈的朋友，想聽聽她的看法。為何女兒突然能夠與三姑的靈魂溝通了？朋友說：「因為她久病之下，磁場頻率比較低，容易與靈界磁場共振，而剛過世的人只是失去身體而已，其他個性想法與常人無異，彼此連結上是很自然的事。但不要讓她經常與靈界溝通，以免惡性循環，磁場頻率越來越低，身體也會越來越差。」

另外一場震撼教育發生在舊曆年的娘家。爸爸早上出門買菜，沒讓外籍看護跟著去。結果不到半小時之後，被救護人員架著送回來。醫護人員說：「老先生的血壓有點高，身上並沒有外傷。他自認為不用送醫院，家裡的地址電話也說得很清楚，所以我們就先送他回家。如果後續有狀況發生，你們再考慮送醫院好了。」我們問爸爸發生了什麼事？他說不知道啊！是不是摔倒了？他說沒有啊！爸爸斜坐在沙發上，神情顯得很呆滯，問話也不再回答，我們只好扶他到房間先躺下。

我正預備拿著他的菜單去買菜，女兒說：「外公的魂好像還在巷子口，沒有跟著回來。妳要到巷子口去把他叫回來，而且要叫他的全名喔！」我一面答應說好，一面走到廚房去穿外套、戴帽子。這時洗水槽邊上的杯子倒了下來，發出「砰！」的一聲，我看了一眼，並不以為意。隨即笨重的菜刀架也倒了，發出更大的聲響。我意識到有些異狀，立刻叫女兒來看看是什麼狀況？女兒說：「妳不用去巷子口叫了，外公的魂自己回來了，但是它不知道要怎麼進入身體裡。我們來引導它一下吧！」

女兒口中念念有詞，好像是說請求主耶穌的聖靈協助，讓外公的靈魂順利進入身體云云。只見女兒張開雙手在後面攔出一個範圍，我則在前面喚著：「爸爸跟我來！慢慢來，你的身體就在房間裡，看到了沒有？你先坐在床沿上，順勢一倒就進去啦！」我像瞎子摸象般地引導著，女兒再三跟主耶穌確認，花了好大的功夫，才慢慢把魂引入身體。

爸爸在床上轉動了一下手掌，喘了一口大氣之後，我們再問他感覺怎麼樣？他就能肯定地回答說：「沒事了！」再多問他幾句話，他的回答也都很肯定，我就放心地讓他安靜休息，午飯時間也不敢叫醒他，想必魂與體的結合需要一大段時間，結合完成他自然會醒來。

爸爸大概睡了三個半小時，醒來吃飯時就恢復正常了，還會叫看護阿美給他榨柳丁汁喝。當天他怎麼也想不起來發生了什麼事，第二天才想起來：他騎著摩托車剛到巷子口，地上有個小陡坡，正好遇見對面來車，他把摩托車先煞住了，還來不及催油門車就往後滑，把他拖倒了下來。

我勸爸爸莫再騎摩托車了，買菜的事叫阿美去就好。老人家反應慢，靈魂的膽子又小，禁不起驚嚇，一嚇到就會出竅。我猜有些老人痴呆症的病人，只是魂被嚇掉了而已。我也有一次跌倒的經驗，還沒跌到地上，魂就嚇得先跑出來了。

當時我感覺自己從身體之外，看著自己的身體跌下去。結果跌得並不嚴重，魂才又跑回身體裡面來。

我並沒有把爸爸失魂、引魂的事講給爸爸聽，怕會讓他心生恐懼。只用自己跌倒的經驗輕輕帶過，影射一下老人家受了驚嚇，是有可能失魂的。

我們兒孫輩事後都各捏了一把冷汗，覺得事情發生得很突然，過程卻是驚險萬分。幸好女兒及時反應，化解了危機，應該記女兒一大功。真不敢想像，若是靈魂沒有順利叫回來的話，爸爸就要變成痴痴呆呆的了。可見民間宮廟的收驚，並非無稽之談；道教所謂的三魂七魄，也真有其事呢！

就憑著這兩次的靈異體驗，我開始對女兒有了崇敬之心，不再認為她業障深重，而是看到了她潛在的資源豐富。說不定業障就像石油一樣，乍看起來黑乎乎的，給人不太好的觀感，其實它的本質中藏著光和熱，只要稍加分解提煉一下，它的用處是很廣的。石油是地底下百千萬億生命的轉化，業障又何嘗不是你生命百千萬億的化身呢？

我親自照顧長輩的經驗，消耗著我的時間和體力，揉進了我的汗水和淚水，它們難道不會發酵嗎？發酵之後是不是又成了我的資源，回過頭來滋養著我的生命？唉呀！我感覺自己真是一事通百事通啦！

就在我崇敬女兒的同時，她也變得莊嚴起來，開言吐語都深藏著智慧。她說：「過去如同一場夢，現在也還是一場夢。況且也沒有什麼明確的現在，剎那間發生，剎那間結果，時間的持續只是一個大謊言。」既然她有此體會，應該不會再提前世了，但會不會改說夢話呢？我也不得而知。

我覺得她說得很好，重點是我聽懂了啊！我不再有「生養了妳四十多年，妳居然不知感恩」的妄念了，也沒有「年華老去、美人遲暮」的惆悵了。因為任何事情發生的當下就已經結束了，就已經圓滿了，無所謂時間的持續，也無所謂年輕或年老。更何況，老來的隨興與自在，正是年輕人望塵莫及的呢！

觀念一改變，世界就變得不一樣了。我感覺整個人變得非常輕盈，肩上不再有無形的重擔，眼前不再有遮住腳的濃霧。因為剎那間一切都結束了，不再有任何惱人的瓜葛，剎那間一切又從頭開始，瀰漫著嶄新的氣息。

這兩次母女共同的靈異體驗之後，女兒的生命有了一個轉折，我的生命似乎也起了化學變化。腦中盤旋著女兒前世今生的故事；三姑的癌病苦惱、離魂依依，一步一回首地走出了坎坷的人生故事；爸爸失魂的呆滯眼神、孤寂無奈的面容，正一步一步走向故事的結尾。我彷彿被這些既虛幻又寫實，既悲愴又驚悚的畫面撞擊了、裂解了，不知不覺中，重新架構出一個色彩斑斕的人生藍圖，更發願要一舉衝破樊籠，活著走出故事，永遠不再輪迴！

注釋：

★4 六度萬行：六度是布施、持戒、忍辱、精進、禪定、般若六種修行法門。勤修這六種法門，就能從生死的此岸，過渡到涅槃的彼岸。萬行是統稱菩薩上求佛道、下化眾生的一切善行。包括度一切眾生，斷無盡煩惱，學無量法門，成無上佛道。六度萬行就等於說，把所有菩薩可以做的事都囊括進來了。

小感悟：讓歷練發酵變成資源

能夠照顧身邊病苦之人，表示你是健康與善良，才能擔起照顧者的角色；況且照顧者的歷練都是很好的磨練，這時要感謝上蒼的安排，讓你省去了奔波勞碌，在家就可以修行。

凡走過必留下痕跡，沒有任何一項歷練是白白浪費的。它們全都儲存在你的心田之中，一旦發酵熟成，立刻轉化成你的資源，滋養著你的生命。

靈療世界的點點滴滴

這一世對我有怨的，必然引起我的不愉快，我就以還債的心對待他，讓他討回公道。這一世對我有恩的，我就以感恩的心報答他，不要再拖到下一世糾纏不休了。

女兒腦瘤開刀之後，第二年重新復學，住在學校宿舍裡，勉強把大學念完，感覺身心俱疲。她直爽的個性，與班上同學打不成一片。自由分組的時候，她總是被遺落的一個，最後由老師幫她塞進一個好說話的組裡。畢業後找了幾個工作，也都做不到一個月，就被辭退了。女兒自己不說原因，我也不去追究。還是在一個偶然的事件中，女兒才自己道出了緣由。

記得那是剛過完年後，幾乎每個人的體重都有一點超過，只是女兒一舉衝破了七十大關，令她心中有些忐忑不安。我為了安慰她，就說：「沒什麼關係，我也增加了一公斤半，只要稍微留意一點，乃至於每天少吃一餐，我一個禮拜就已經瘦回來了。」

「我的體質跟妳不同啊！」女兒說：「我吃多了固然不舒服，吃少了也會頭暈，走路都走不穩的。」接下來她還說了一些瘦不下來的理由。這個時候，我彷彿察覺到她習慣性的負面思維。

「我只是釋放了個正面的訊息給妳。」我馬上教導女兒說：「希望能夠以我的經驗，安撫一下妳不安的情緒，並沒有預期要接受那麼多負面的訊息。妳應該先以正面的訊息回應我，好比說恭喜我減肥成功，或者說我的安慰帶給妳一線曙光之類的，然後再提出一兩個負面的訊息。否則，人家才安慰了妳一句，妳就劈里啪啦丟過來七八個問題，下次誰還敢來搭妳的腔啊？久而久之，朋友就會越來越少了。」

「原來如此！」女兒說：「難怪同學不喜歡我，我總是先想到最壞的狀況。每次小組討論，我一開口就把困難點指出來，大家的美夢頓時中斷，氣氛就顯得很僵。老闆也不喜歡我，因為他每次來找我解決一個問題，我都會幫他衍生出好幾個問題，所以我就成了公司的問題人物啦！」

女兒知道身體完全的復原是無望了，正常的工作也是奢望了。因為只要天氣一改變，她的難過就不打一處來。颱風要來的前三天，她就頭疼腦脹的，坐著站著都不對勁，我無計可施，反而是她自我解嘲地說：「可以到氣象局去應徵氣象預報員。」她早已經不跟醫院打交道了，因為醫生只會開止痛藥，對她一點幫助也沒有。

道場有位好心的師姊，知道我的困擾，介紹了一位有口碑的靈療師，我感覺為了女兒的身體，任何機會都值得試一試。

那是一個標榜身心靈療癒的團體，地點設在市中心的高樓層裡，若非有一點關係，掛號要掛到三個月後。我帶著女兒到現場一看，才知道女兒的狀況是小咖的，其他病人的狀況千奇百怪，有腦性麻痺的，有癌症的，有邪靈附身的，令人嘆為觀止！身歷其境之後才知道，所謂：「人外有人，天外有天」，對靈療的病患來說，也是一體適用的。

靈療師是一位長相標緻，四十出頭的女性，令我一見就有好感，同時也放心不少。通常去治療一趟，整個下午就報銷了，還好我總是帶著一本書，趁空就看一看書，也不感覺無聊。

靈療師在處理其他病人時，我也湊上前去觀看，只見靈療師的手不停地揮動，有時在病人的前額，有時在胸前，有時在背後。口中則自言自語，或者與靈對話，有商量的口氣，也有恐嚇的意味。我有一次忍不住問靈療師說：「妳平常與靈作溝通的時候，都是默默地揮著手，為什麼對這個年輕人滔滔不絕，長篇大論的，還有一些喝斥的口氣呢？」

「這是一個腦中風剛死亡的靈，霸占住了年輕人的軀體。」靈療師說：「亡靈還沒有學會靈與靈之間的溝通方式，所以我只能用人的語言告訴他，讓他知道隨便霸占人家的軀體是不對的。他自己腦中風的問題還沒有解決，反而害得年輕人也不會走路了。」

有一位秀氣雅致的小姐，大約二十幾歲，由男朋友陪著來治療。等待治療的時候，輕聲細語，溫柔賢淑的模樣，我見猶憐。一旦開始治療，就從椅子上滾下來，驚恐萬狀地直往供桌底下鑽。

「不要害怕！」靈療師說：「我們有話好商量，冤仇有必要結這麼久嗎？」

「沒什麼好商量的！就是要給她死啦！」字字兇狠的話語，出自一位不斷打著哆嗦的小姐口中，整個畫面顯得很不協調。我去了幾次都沒弄清楚狀況，最後還是靈療師告訴我說：「這位小姐的身體裡，住著她前世的姊姊。因為在前世她搶走了姊姊的男朋友，姊姊一時想不開，上吊自殺了。姊姊的靈魂不甘心，一直追到這一世來。姊姊對這個背叛的妹妹很不諒解，找各種機會整這個妹妹，讓妹妹無緣無故地生病，無緣無故地被車撞，把妹妹的身體弄得很差，都快要活不下去了，她想取而代之，跟所愛的男朋友再續前緣。」

「男朋友還是前世的那一個嗎？」我問。

「是啊！」靈療師說：「因緣是很奇妙的，有緣的戀人有時候一來再來，生生世世都糾纏不清。」

「有辦法把姊姊趕走嗎？」

「不是把她趕走，而是勸她放下執著，跟著佛菩薩到一個清靜的地方去修行。姊姊快要被我說動了。」靈療師說：「妹妹也要真心的懺悔，認真地做功課迴向給姊姊，這樣效果就會比較快了。否則我單方面作和事佬，犯錯的當事人一點慚愧心都沒有，亡靈怎麼會善罷干休呢？」

「感情的事也不能一廂情願啊！」我說：「姊姊自己愚蠢地跑去上吊，怎麼能怨妹妹背叛呢？還追到這一世來索命，簡直太不可理喻了。更何況男朋友也有他自己的意願，他可以決定要娶誰為妻啊！」

「就是因為執著啊！」靈療師說：「生前的執著就已經讓自己鑄下大錯了，死後因為沒有了軀體，靈魂的敏銳度增加了十倍百倍，執著也相對的加重了十倍百倍。所以說，自殺根本解決不了問題，生前的痛苦依舊由靈魂攜帶著，還增加了一個臨死前掙扎的痛苦，真是何苦來哉！」我心想，靈療師每天與這些病患為伍，跟這些亡靈溝通、勸解，還能保持如此溫婉的笑容，優雅的儀態，真是令人肅然起敬！

「當這位小姐正常的時候，她前世的姊姊在哪裡？」我好奇地問。

「就在她的附近而已。」靈療師說：「找到機會就惡整妹妹，有時候也會阻擋她來治療，讓她無緣無故地摔跤，不由自主地去撞牆。」

「真是太可怕了。」我說：「敵暗我明的仗要怎麼打啊？多虧有老師幫忙溝通，否則無緣無故地死了，都沒有人知道是被前世的姊姊謀害的。」

「姊姊真要索妹妹的命，也沒有那麼簡單。」靈療師說：「靈界也有他們一定的規則存在，照說亡靈不可以干擾人間的，但是碰到那些目無法紀、豁出去的亡靈，人間也是不堪其擾。」

靈療師在治療女兒的時候，曾經提到女兒沒有靈體附身的問題，純粹是腦部開過刀，身體比較敏感罷了。女兒也感覺靈療對她的幫助不大，去了幾次之後，就不肯再去了。倒是我覺得不太好意思，靈療師很認真地幫忙治療，也沒有收取費用，只是設了一個功德箱，讓病人隨喜捐獻，怎麼能說不去就不去呢？所以，我以義工的身分又持續去了一年。其間有一段插曲，我的頭頂突然掉了兩撮頭髮，有十元硬幣的大小，是俗稱的「鬼剃頭」，讓我心裡毛毛的，難道是無形中得罪了某一位亡靈嗎？

「不干亡靈的事，妳不要瞎疑心。」靈療師說：「完全是妳自己身體的一種反應，我幫妳治一治，很快就會復原的。」於是我也接受了靈療師的兩次治療，果然在一個月內就長出了頭髮。靈療師並沒有真正解答我的疑惑，反而是一個夢境讓我印象深刻。

夢中，我遇見一老一少的兩個和尚，我向他們詢問無端掉頭髮的原因，老和尚沒有回答，小和尚卻告訴我說：「那是業障進出造成的，因為業障的進出伴隨著很大的能量，頭髮抵擋不住就脫落了。」小和尚還想再說些什麼，看老和尚皺著眉頭，就住嘴不說了。

我最愛聽靈療師講投胎的故事了，因為講得栩栩如生，好像她親眼所見似的。靈療師說：「當婦女一受孕，要不了三、四天，靈界就會有專屬的部門得知了。接下來就會安排合適的靈體來投胎，按照因緣的深淺，會有一大堆報恩的、報仇的靈來排隊候選，這時候要看誰的願力比較強，通常都是君子報仇三年不晚的靈排在前面，知恩圖報的靈排在後面。」

「好人性化喔！」我說：「人間不也都是有一點小冤仇，就砍砍殺殺的，非要討回來不可。天大的恩情，三言兩語，幾句謝謝就帶過去了，再過久一點時間，就忘得一乾二淨了。」

「妳只要想像靈魂只差沒有身體而已，其他都跟我們一樣啊！」靈療師說：「在他們的世界裡，也是你爭我奪，有許多愛恨情仇的。」

「原來如此。」我說：「真是讓我大開眼界！」

「為什麼說積善之家必有餘慶呢？」靈療師說：「有些人家宿世行善，投胎隊伍裡排的都是來報恩的靈，當然生養的都是好子孫，遇到的都是善因緣啊！」

「明白了！」我說：「我要好好珍惜跟女兒的緣分，她是好不容易排隊爭第一，才能進駐到我的子宮裡來，而且平安降生在我們家裡。」

「靈界安排了她來入胎，她也不是馬上進駐的。」靈療師說：「因為她知道一進去就出不來了，所以會在母親的附近徘徊，等待適當的時機。通常她會在出生的那一刻，由嬰兒的天靈蓋進入。」

「難怪古代的婦女懷孕之後，都不敢亂動剪刀。」我說：「生怕一不小心動了胎氣。其實應該是怕傷了嬰兒的靈體吧！」

「是啊！」靈療師說：「孕婦也不能心懷悲傷、恐懼，要以平穩的心情，接觸美好的人事物，把體內的環境預備好了，才能吸引優質的靈體來投胎。」

「這一點我可以理解喔！」我說：「我先生有一個女同事，在懷孕期間母親過世了，當時她懷孕已七個多月。她在喪禮上哭得很傷心，沒想到孩子出生後，開口跟她說的第一句話是：我是媽媽啦！妳不要那麼難過啊！把她嚇得臉色發白，趕快制止孩子不要亂說話。她也不敢告訴任何人這件事，到了孩子六歲的時候，也不知是心理作用，還是真有其事，她發現孩子的舉動習慣，跟她的母親一模一樣，才心懷忐忑地來詢問我先生，她認為我先生在佛法上有修為，應該懂這方面的事，其實我先生也大吃一驚。」

「家族間的親人，以不同的角色身分來投胎是常有的事。」靈療師說：「妳想想看，與我們關係最親密的家人，通常最容易產生恩怨，這一世沒有解開的仇恨，就會延到下一世來完結，這一世沒有報答的恩情，也會延到下一世來圖報。生生世世的恩怨情仇，就是這麼來的。」

「我懂了。」我說：「這一世對我有怨的，必然引起我的不愉快，我就以還債的心對待他，讓他討回公道。這一世對我有恩的，我就以感恩的心報答他，不要再拖到下一世糾纏不休了。」我心想：這不就是高僧大德們經常說的：「隨緣消舊業，莫再造新殃」嗎？

「道理很簡單，真要做到不容易啊！」靈療師說：「人一旦被自我的私欲蒙蔽，再好的道理，都會被嗤之以鼻的。妳只要看看那些達官顯貴就知道了，他們的聰明智慧會亞於妳嗎？」

「當然不會！」我說：「他們的才氣運勢都是一流的。」

「可是他們都做了些什麼事呢？正在做什麼事呢？」靈療師說：「他們的靈魂一再地提醒他們說：停止吧！這樣做是徒勞無功的。放下吧！這些東西是帶不走的。看看你給後代子孫留下了什麼？想想這個臭皮囊化為塵土之後，你還有什麼值得親友稱道的事？可惜他們都聽不到，我都替他們急死了。」

「那是我們沒有那樣的權勢。」我說：「一旦我們處在他們的位置，說不定也沒有那麼清明在躬了。」靈療師沒有再回應什麼，我就揣著這樣的假設，直到數年之後，在一個偶然的機會中，聽師父說法，才解開了這個疑惑。

「人的識心是很好用的。」師父說：「它可以看過一隻貓之後，就認識了所有的貓。看過一隻狗之後，就認識了所有的狗。電腦只有強大的記憶庫，但沒有識心的功能，你把全世界的貓都給它輸入進去存檔，碰到一隻剛出生的貓，它還是不認識。」

「識心也是修行的一大阻礙。」師父說：「當你看不清它的時候，就被它主宰了。它裡面充滿了貪、瞋、痴、慢、妒，種種的分別、計較、執著。如果你把它當作你的真心本性，那就永遠認不清真正的你了，因為眼不見眼啊！你的能知能覺處在識心的層次，被貪、瞋、痴、執著把持住了，你怎麼能察覺自己的貪、瞋、痴呢？」我心想：是囉！是囉！別人的貪、瞋、痴都明明白白地表現在行為語言上了，是被你知道的，成了你的「被知」，你當然一眼就認出來了！儘管你的「能知」也還處在識心的層次，也還被貪、瞋、痴等等的執著把持著，但向外看還是很清楚的。這就是為什麼認識別人容易，認識自己困難啦！

我在靈療師身邊當義工的一年，不但增加了許多靈界的知識，也間接認識了許多通靈人士。因為來靈療的病患，多半都是體質異於常人，或者身體經歷過巨大創傷，情感遭遇過重大迫害，本身先有了無形的傷口，才讓另一個時空的靈體有機可趁。這樣的人一旦被治癒了，讓附身的靈體自動離開之後，往往會留下了與靈界溝通的管道，就是俗稱的通靈人士。雖然他們未必以通靈為業，但這項能力卻始終跟隨著他們，是福是禍很難論斷。總之，有了靈療世界的探觸之後，感覺視野拓展了許多，身心也取得了一定程度的平衡，尤其不再認為眼見為實啦！

小感悟：靈療只是輔助，心存善念才能化解

靈療雖屬於另類療法，但也有它存在的必要。一方面靠著靈療師的溝通，來化解彼此的怨結，犯錯的當事人也要真心懺悔，生起慚愧心，才有可能大事化小，小事化無。

小感悟：家族長輩來投胎是常態

家族間的親人，常以不同的角色來投胎，所以你要以還債的心態，對待心有怨懟的家人，讓他早些討回公道，就不要再拖到下一世了。

明知道物質的東西帶不走，子孫投胎又都是報仇的排前面。世間仍然上演著貪婪、瞋恨、愚痴的戲碼，長夜輪迴而不自知。

小芳的故事

求人不如求己，要自己努力修行，否則，找通靈的人去談判、燒一點紙錢，就能把宿世的冤仇一筆勾消，哪有這麼便宜的事？

我相信這個世界上鬼比人多，因為鬼是靈體，只有能量不占空間，一般人又看不見，所以就被大眾忽略了。其實每個人身邊跟幾個冤親的靈體，或者祖先的靈體，是很尋常的事情。有人終其一生都跟靈界沒有交集，只覺得自己的人生起起伏伏、好好壞壞，卻是莫名所以。也有人始終擺脫不了靈界的糾纏，總覺得身邊有一雙窺視的眼，攪得人心神不寧，拜神求佛，莫衷一是。

我的朋友小芳，她並不是什麼能人異士，只是曾經被外靈附身，想盡辦法把問題解決之後，發現自己的體質異於常人，可以接收到一些靈界的訊息。只要閉上眼睛，就會看到一些帶有劇情的畫面。有人告訴她說，她有著靈媒的體質，如果再加以訓練的話，將來可以幫助很多的人。也有人想收她為徒，共同經營神壇，為陰陽兩界做和事佬。她遲疑再三、不敢造次，因為在毫無防備的狀況之下，突然有了某些能力，是福是禍還不知道，怎麼敢大張旗鼓地來使用這些能力呢？

也算是因緣際會吧！在她尋求醫治的期間，正好遇見我好奇的眼光，於是她經常把一些特殊的感應、一些奇怪的夢境描述給我聽。我是跟過幾位師父、見過大風大浪的人，對靈界的感應也略知一二，所以不覺得她有什麼怪異處，還會主動問她一些相關的問題，久而久之，就變成了知己好友。

如果一開始就把小芳當成神經病，也沒有人會覺得奇怪。因為她在治療期間呼天搶地、胡言亂語，真的不像正常人。一旦附身的靈體被驅走之後，還她本來面目，整個形象完全改觀。憑良心說，她是一個頗有個人魅力的人。她的行銷企劃案做得一級棒！她的言詞婉轉生動，她的心軟得像棉花糖一樣，她做了一堆的好事情，幫助了一大票的人，卻說什麼也沒做！

「我是一個西藏喇嘛，穿著藏紅色的衣服，騎著一匹棕色的馬，從遠地回來。」有一天小芳在電話裡說：「太陽快要下山了，有一群年老的喇嘛在等我，爐子上煮著晚餐的濃湯，大家圍成一圈。我不知道我是誰，但是我知道大家談話的中心是我，好像我是個很重要的人物。」

「妳在說啥呀！」我說：「是不是又作了一個夢啊？」

「我在辦公室裡，我也沒有作夢。」小芳說：「剛才那一幕，是我在靜坐中看見的；影像十分清楚，我的年紀不大，但是很沉著、很穩重……」

我假設小芳是某位喇嘛的轉世，有些潛意識中的影像，會在靜坐的時候浮現。那麼，她當喇嘛的那一世，是做錯了什麼事呢？為什麼當時沒有解脫，而要轉為女身，遭受生產之苦、家暴之苦呢？我當然不會有答案，她倒是陸陸續續找到了一些答案。

「女兒是我過去世的姊妹，兒子是我過去世的先生。」小芳說：「至於先生和我的關係，我還沒有弄清楚。只知道我做了很對不起他的事，那種愧疚感一升起來，就讓我難過得要命！我曾經做過許多壞事，只要是妳能想得出來的壞事，我幾乎都做過了。」原來她曾經墮落過，到底做了哪些殺人放火的壞事呢？我很有興趣想知道，但小芳總是以「很多啦！數不清啦！」草草帶過，或許她也不想再去回憶吧！

她外表長得很像西藏人，長長的臉型，高高的顴骨，顧盼之間有一種遺世獨立的氣質。大剌剌的作風，絲毫沒有女性的矜持；可是當朋友從西藏遊歷歸來，提到當地的種種風情，她卻不由自主地落淚，問她何以故？她的回答只有兩個字「思鄉」。身邊有著這樣一位寶貝，真是叫人不興奮也難！

其實，我私下也跟師父提起過小芳，師父覺得像小芳這樣的人，在這個世界上為數也不算少，只是有些人隱藏著不敢講，寧願過正常的生活。若以佛教的十二因緣來說，類似小芳這種人，他們在「名色」★5方面的感應比較強，那是屬於無相的世界；而我們是在有相的世界裡生活。這兩個世界都是存在的，而且還是重疊的。

有一天小芳很興奮地告訴我說：「我知道我和我先生是什麼關係了。他曾經有一世是我的哥哥，我殺了人，由哥哥去頂罪。殺人償命，在當時是天經地義的事。行刑的那一天，我躲在人群中觀看，心裡非常害怕。哥哥的表情看起來很平靜，但我感覺到他的內心有一股怨氣。」小芳娓娓地訴說著。

記得小芳曾經告訴我說，婚後先生加諸在她身上的暴力，迫使她不得不捨下年幼的女兒，隻身前往美國攻讀碩士。等她拿到學位之後，先生才赴美將她接了回來，夫妻又重新開始相處，彼此的包容力都增強了，至少到目前為止堪稱美滿幸福。小芳的結論是：或許先生前世的怨氣，已經釋放完畢了吧！

任何故事或情節都有著無形的感染力，順著小芳前世今生的故事，我生活中的一些不滿、怨懟，彷彿也默默釋放掉了。我永遠不會知道，前世曾對今生的先生、孩子做過些甚麼事。總覺得他們的一舉一動都是有因緣、有來歷的，乃至不可理喻的對待，也有著體諒寬宥的餘地。總之，我感覺自己的腦袋有了重新的設定，它既空曠又清爽，左轉右旋都無障礙，稱得上是個無障礙空間的腦袋啦！

小芳並沒有刻意隱瞞她的能力，不經意所說的話也經常擊中人的心坎，以致於陸陸續續會有人來求教於她，她總是來者不拒，義務當起陰陽兩界的溝通者。在她的想法是：能夠找上門來的人，多少總有一些因緣吧！只要在能力範圍之內，何妨結個善緣呢？

在小芳與亡靈溝通的過程中，我觀察出來：冤親債主其實只是一個通稱，這其中包含了祖先的靈、無主的靈、來報恩的靈和來報怨的靈。雖然溝通過程完全由小芳主導，我看不見、也聽不到他們，但是感覺現場瀰漫的氛圍很不一樣，有時籠罩在一片陰冷的氣氛中，有時陰冷的氣氛又被哀傷所取代。最不可思議的是，有一個死於肺癌的亡靈來訴冤，連我這個健康寶寶都感覺氣悶、缺氧，甚至旁邊還有人頻頻咳嗽呢！所以我可以確定：冤親債主是存在的，而且他臨死前的病苦或者情緒，在他出現的當下，仍然是有感染力的。

「冤親債主的出現，有的是應邀而來。」小芳說：「有人對去世的親人念念不忘，親人的靈魂就很難割捨地跟著你了。很可笑吧？是你把他想念、牽引來的，他真的來跟你相見了，你又不堪其擾，要請通靈的人幫忙你把親人勸回去。」

「妳常常看見小孩子的身邊有祖先的靈跟著，都是小孩子想念來的嗎？」我問小芳：「應該不至於吧？很多小孩出世的時候，祖先都去世了啊！」

「那是祖先不放心孫子們，跟著來保護的。」小芳說：「若身邊跟的是祖先，通常比較好溝通，因為他們多半沒有惡意，只是想保護子孫，或者想叮嚀子孫對孩子不要太凶。只要子孫作出承諾，他們就會安心地離開了。如果身邊跟的是來報仇的靈，談判起來就比較費事了，他們會要很多東西，要蓮花啦！要紙錢啦！甚至於要把當事人帶走才罷休！」

「這時候妳怎麼幫忙溝通呢？」

「那就沒辦法囉！有時候談判當場破裂。」小芳說：「因為冤親債主要的東西太多，當事人根本負擔不起，只好不了了之。」

「那會不會受到報復，甚至於狀況比不溝通還要慘？」我問。

「確實很不妥！」小芳說：「有時候連我也跟著遭殃。記得有一回把靈請出來之後，當事人經濟條件差，沒有按照靈的要求去做，我怕受拖累，就要當事人誦經迴向給冤親債主，多少做一點補償。過了一段時間之後，當事人又來要求溝通，說是考慮之下願意接受靈的要求了。結果靈反而不要那麼多東西，很輕易地就和解了。事後我問當事人做了什麼功德？她說也沒做什麼，只是每天誦經迴向，誠心誠意地跟靈說對不起，整整做了一個多月。我猜想，誦經迴向與誠心懺悔，多少會軟化冤親債主的心吧！」

小芳接的善緣越來越多了，我隱隱感覺有些不妥，因為她的臉色變得有些蒼白，體力也差了。

「怎麼做善事會做成這樣呢？」我問：「這中間可能有一些竅門妳沒有掌握到吧？畢竟妳是業餘的嘛！」

「不知道耶！」小芳說：「當事人都很滿意啊！都千恩萬謝的，感謝我的幫忙啊！」

「那我來追蹤一下成效好了。」我說：「妳暫時不要再接案子，自己燉一點補品來吃，養一養身體。」

我記得一個有趣的案子，請出來的靈是一位馬戲班的班主，訴說當事人是他班裡的一頭猩猩，無緣無故脫逃了，害他整個馬戲班無法表演，所以他一直跟著她，決定要把這頭猩猩帶回去。我當時仔細看了看當事人，是一位七十多歲的婦人，長得還真像猩猩呢！後來好說歹說，總算答應讓當事人用紙糊一頭猩猩燒給班主。結果如何呢？班主有收到這一頭紙糊的猩猩嗎？當事人的症狀有改善嗎？

「請問你母親的腰椎症狀有好一些了嗎？」我打電話去問當事人的兒子：「為什麼都沒消沒息的，至少要給我們一個回報啊！」

「不好意思。」當事人的兒子說：「母親狀況並沒有明顯的改善，我們正在用別的方式治療，所以就沒有再去打攪你們了。」我這才確定，這一次的溝通與超度，是沒什麼成效的。也許當事人的兒子根本不信這一套，瞞著母親，並沒有去弄一頭紙紮的猩猩，誰知道呢？

另有一位當事人不良於行，溝通完之後，聽說一口氣就上了四樓，對小芳當然是心服口服；可是做完超度之後，又不良於行了。為什麼會這樣呢？溝通之後效果顯著，怎麼超度之後反而效果全失呢？我百思不得其解，直到遇見了另外一位通靈者小林，才在無意間得到了解答。

原來溝通的能力與超度的能力，往往是有差距的，擅長溝通的人，未必擅長超度，真正擅長超度的人，也未必擅長溝通，要能兩者兼備，看來似乎有些困難。

小林是從小就有通靈能力的，但是別人不相信他，甚至於嘲笑他，有時他的預言成真，人家就說他是烏鴉嘴，他只好閉嘴不說，但是自己又擔心害怕，憋得好難過。漸漸變得有些自閉，反而顯得不正常了。

他記得十幾歲的時候，躲在鄉下的廁所邊上，看見有人弄了幾艘紙做的船，上面裝滿了金銀元寶，然後法師或道士吹起了法螺，催促病患的冤親債主趕快上船。

小林看見病患的身邊真的有一群鬼，他們又想上船又不想離開病患，顯出左右為難的樣子；於是法師或道士就說了很多好話，說是要送他們到一個很好的地方，比阿彌陀佛的西方極樂世界還要好。一群鬼半信半疑地陸續上了紙船，結果紙船開到中途，就沉到一個黑色的大海裡，還有的船從中間裂成兩半，下沉得更是快速。那一群鬼溺水前的驚恐掙扎，令小林印象十分深刻。那時他小小的心靈裡就確信：那一群鬼是到不了什麼好地方的！我猜想：那可能是另外一種超度的儀式，跟一般燒蓮花、燒紙錢的超度方式不同。但小林氣憤地說：「那是騙鬼的儀式啦！雖然病患當時可能會奇蹟似地好了，但是騙鬼只能騙一時，不能騙永久，等鬼吃了虧上了當，從黑海逃回來的時候，還是會找上病患的，這時病患又回到原先生病的樣子，只好自認倒楣。」

根據小林的敘述，我猜想：有些宮廟確實有通靈者，可以幫忙處理一些冤親債主的干擾，但能否一勞永逸，全憑個人運氣。假使身邊跟著的靈，怨氣不是那麼重，又遇到擅長溝通的人，或許三言兩語就解開了怨結；若不幸有謀財害命的冤屈，就要談判很久才行。談妥之後，還要找有功力的師父，能夠請出地藏菩薩，幫怨靈辦理超度。超度之後若當事人情況沒有改善，就是溝通無效和超度失敗。若當事人情況暫時有改善，隨後又恢復症狀，就是談判成功超度失敗。這些都是我觀察揣想出來的。

總之，這種宿世的因果糾纏，似乎無法靠一、兩次的溝通解決，也無法保證能請到地藏菩薩幫忙，送亡靈到西方淨土。大家只是博一個解脫痛苦的機會而已。我不禁歎道：「人心固然難測，鬼意更是費解！」

小芳陸續又接了幾個案子，我就出面告訴當事人說：「求人不如求己，要自己努力修行，改掉宿世的習性，外在的環境才會跟著改變。否則，找通靈的人去談判、燒一點紙錢，就能把宿世的冤仇一筆勾消，哪有這麼便宜的事？至於身體上的病痛，還是要循正常的醫療管道，雙管齊下才能解決。」

「抄寫《心經》燒給冤親債主，是個好主意。」我常跟當事人說：「花錢很少，買幾張紅紙，打上格子，恭恭敬敬、整整齊齊地抄寫。讓冤親債主感受到你的誠意，自然而然就願意與你和解了。」

看過這麼多的前世今生，目睹一場又一場的溝通、超度，我的好奇心完全滿足了，甚至於感覺有一點反胃了。我對死亡的恐懼，也在溝通的情節中，一點一滴地被拔除掉了，乃至於確信沒有死亡這件事，祇是不同頻率的轉換而已。小芳認為超度冤親債主是標，教當事人修行是本，結果本末倒置，徒勞往返而已，就沒有什麼意義了。當彼此都沒有意願的時候，來請求協助的人也慢慢消失了。真是奇怪！難道靈界也獲得小芳「歇業」的訊息了嗎？

小芳把我師父的開示都看完一遍之後，《金剛經》、《六祖壇經》、《心經》，都已經可以琅琅上口了，但奇怪的是再也看不到靈界的畫面了。

「那這一年來所發生的種種事情呢？那麼多人的前世今生呢？這些是假不了的吧？」我隨口問小芳，並不期待她的回答。其實，我已經習慣了用重新設定的腦袋來思考，真的或假的，對我已經沒有影響，只是覺得餘韻裊裊，帶有一絲絲詭異之感罷了。

注釋：

★5名色：它是十二因緣裡的第四支（十二因緣依序為無明、行、識、名色、六入、觸、受、愛、取、有、生、老死）。名是心的精神作用，色是有形的物質體。名色並稱，就是物質與心理現象。它是在眼、耳、鼻、舌、身、意這六入，還沒有生成之前的狀態，也就是胎兒五官還沒有形成時的游離狀態。

小感悟：生與死衹是生命頻率的轉變

腦袋思考系統的設定，每個人都不盡相同。如果你觀念中沒有這個區塊，視靈界為無稽之談，那也無妨，生活並不會受到影響，唯有思考上受到侷限，少了一個無形的維度而已。

對死亡無所畏懼，是一個威力無比的禮物。你仍然愛惜身體，珍視生命，祇不過會把注意力，從物質層面轉向精神層面，因為當生命頻率改變時，你能帶走的祇有精神！

〔附錄〕

人生宛如一齣戲

當清晨的第一道曙光照在中正紀念堂的琉璃瓦上，感覺整個臺北就活起來了。環繞四壁的迴廊內側，種植了高矮不一、屬性各異的喬木、灌木、攀藤類植物，維持著內部空氣的清新；迴廊外側的粉牆上，鑲嵌著各式吉祥、如意圖案的小花窗，彷彿聖殿守護神的一雙雙眼睛，窺視著這個城市從黯寐中逐漸甦醒。

迴廊裡聚集著三五成群的晨運者，前俯後仰地鍛鍊著他們的腰腿，另有服裝整齊畫一、成行列隊的舞蹈團體，環肥燕瘦、款擺著腰肢，自成一道賞心悅目的風景，將生命自然的律動，做了最真實的呈現。

一聲嘹亮的琴音，劃破了短暫的沉寂氛圍，卻沒有驚動任何一組人馬，大夥兒見怪不怪，知道那是京劇票友們的聚會，生旦淨丑齊聚一堂的清唱開鑼啦！

「番邦小卒何足論，我一劍能擋百萬的兵。」是哪一位旦角威風凜凜地在唱《穆桂英掛帥》呢！嗓音甜脆，可惜中氣稍嫌不足，尾音收得有欠飽滿。

「金烏墜玉兔升黃昏時候，盼嬌兒不由人珠淚雙流。」是哪一位老生涕泗縱橫地在唱《托兆碰碑》呢！夠蒼涼悲戚了，讓人不禁聯想到楊老令公棄甲丟盔、碰死在李陵碑前的慘況。

雖然穆桂英與楊老令公都是宋朝的人物，卻乘著戲曲飽滿的雙翼，飛舞在我們的唇間耳畔，感覺那縷縷的情愫，就這麼一溜煙地竄進了心坎裡，魅惑著我的神經系統、感官細胞，讓我不由得隨之起舞！

所謂「有聲皆歌，無動不舞」，京劇藝術的誘人處，就在於同時間滿足了人們的視覺與聽覺，那五彩繽紛、刺龍繡鳳的服飾，那玲瓏剔透的盔甲頭面，襯托著時而高亢激昂、時而婉轉低迴的聲腔，就徘徊在你靈魂的大門外，一個不留神，靈魂深處的仙子就被勾引了出來，與它相擁共舞，如痴如醉。這種靈魂之間的連結，毫無時空的隔閡，當然，與肉體年齡的多寡也無甚關連；儘管唱腔出自一位耄耋老朽之口，依然能打動妙齡少女的心，我就是活生生的見證啊！

十七、八歲，應該是寂寞的、作夢的、叛逆的年紀，我卻不經意踏入了戲曲的祕境，那豐富而迭宕的聲腔旋律，讓我目眩神迷地從暑假一路挨蹭到寒假，始終找不到溫書的假期，成天與楊延輝、秦叔寶、伍子胥等作古之人為伍，喜他們之喜，憂他們之憂；或許那也是另一類的叛逆吧！

三十出頭，應該是意氣風發、獨排眾議、捨我其誰的年歲，我卻在有子有女萬事足的沉澱中，踏著寧靜的步伐，隨著因緣走進了道場，嚮往著「明心見性、開悟成佛！」的聖境；或許這是一個更大的妄想吧！

如今六十好幾了，回顧這大半生的歷程，也有風雨也有晴。當眼前出現了愛情訊息，就一股腦地奔向愛情；出現了舞臺光圈，就全心爭取登臺一搏的機會。感覺內心始終有一個兩邊搖擺的天秤，一邊是與人一較長短的企圖心；一邊是眾生平等的佛心，還真是符合了我天秤座的特性。

我不斷地告訴自己：「放下吧！沒什麼好較量的，最終是這一堆白骨和那一堆白骨，誰會去計較他們之間的差別呢？」剎那間，佛心的一邊就勝出了。一旦有同好邀約：「妳來給我們湊一齣戲吧？文武場面都齊全，肯定叫好又叫座！」頓時，與人一較長短的企圖心又炙熱起來。

我也常常自忖：一旦把這個比較的心態，從我的生活中徹底去除掉，是不是就像佛陀所說的，可以證悟到究竟圓滿的佛國淨土呢？當然，佛陀的用詞比較深邃些，他是用「執著、分別」，我已經不想跟他在用詞上較勁了，所以我就直接用「較量」、「比較」，看看我不與人家比年齡、比財富、比美貌、比經驗、比智慧，也不跟自己比歲月的刻痕，我的生活是不是會過得更順暢呢？

粉墨登場是業餘劇團每年一度的重頭戲，俗稱「票戲」。說到登臺票戲，大夥兒都羨慕我們臺北劇團的資源最為豐富，有一流的老師教唱腔身段，有定期或不定期來臺交流的大陸琴師，有大大小小的票房數十所，又有國軍文藝活動中心這樣大小適中、交通便利、場租合理的演出舞臺。於是我們這一群得天獨厚的忘年之交、戲曲同好，就以戲會友地穿梭在唐、宋、元、明各朝代之間，這一齣你扮我兒子，下一齣我演你閨女；這一場展現忠臣良將的氣魄，那一場傾訴曠男怨女的悲情。總之，每年精心排練一兩齣戲，找些同好來幫襯配演，三、五年演下來，戲臺上親屬關係之複雜、恩怨情仇之糾葛，就這麼如夢似幻地鋪展開來。以我擅長的「坤生」行當來說，在戲臺上已經有三個老婆啦！

所謂坤生，就是以女性來扮演男性的角色，好比孟小冬一樣；如果是男性來扮演女性，就叫做「乾旦」，好比梅蘭芳一樣。有一回散戲後聚餐，我的大老婆把我介紹給她先生，一時之間找不到恰當的連結詞，只說「你應該見過她的，她就是上次跟我演武家坡的薛平貴啊！」唉喲！我的夫人哪！我在臺上穿著朝靴、帶著髯口，誰能認得出來呀？於是我立刻接口說：「簡言之，你是她臺下的老公，我是她臺上的老公啦！」她先生很快就融入情境，餐後跟她商量說：「我們開車送妳老公回去吧！」惹得大夥兒開懷大笑。

我之所以會登臺票戲，也是因為自視甚高、較量成性，覺得我的條件比他們好，唱得中規中矩，嗓音醇厚嘹亮，身段做派有模有樣，為什麼不藉著臺北優渥的資源，登臺亮一亮相，一方面飽觀眾的耳福，再方面也滿足了自己的表演欲，何樂而不為呢？雖然每年粉墨登場，多了幾萬塊錢的支出，但是跟我的畫家朋友比較起來，她出版一本畫冊，就要好幾十萬塊錢，夠我演十年的戲了！

我也沒有忽略演戲的正面意義，瞧！我們這一幫票友，普遍都健康滿點、活力無限，看起來比實際年齡小十歲以上。雖然調嗓練氣有強身健體之效，但舞臺上的自我療癒也是功不可沒的。每當演完一齣戲，那種身心俱暢、容光煥發的情態，彷彿身心整個洗滌了一遍，將原先藏汙納垢的空間都騰出來了。這時若遇到有心人找碴，我就能明確感受到，有一個寬廣的迂迴空間，足夠替對方的情緒找到出口，選擇一個適當的鑼鼓點子，好讓他踩著鑼鼓點，一步一步地走下臺階，回到原先平靜祥和的意識狀態中。

除了自我療癒的功能之外，我猜想戲曲的演出，還有些超度冤親債主的功效。因為我無意中聽師父說過，西方國家的歌劇表演，就相當於我們東方的超度儀式，他們的演員陣容浩大、歌詞意境優美、布景華麗奪目，是大成本的製作。我們所修的超度法，只要拿出一點點米，一點點開水，就可以用觀想的方式，把它想像成如須彌山一樣大、如恆河沙一樣多，算是小成本的製作，真是一本萬利啊！

明明知道戲劇都是假的，可是一旦你專注地投入，就像附體般的真實，即便脫了戲服，回歸正常的生活，情感上依稀還有著一絲牽絆。好比說我的大老婆跟別人演《白蛇傳》，我在臺下見她演的白素貞即將臨盆，雙手按住腹部頻頻呼痛，我的心就揪在一起，還對許仙興起了一股恨意。當然，我老婆演技生動有以致之，但我怎麼會去跟許仙爭風吃醋呢？這是哪一齣跟哪一齣呀？可見投胎前的「孟婆湯」是一定要喝的，否則每個人對自己上一齣戲的角色念念不忘，這一齣人生大戲要怎麼演呢？

俗話說：「演戲的是瘋子，看戲的是傻子。」彷彿我們圈子裡的樂趣，旁人無法體會似的。其實也不盡然，只是我們的表現，有時候會令旁人的生活中，增加幾個問號和驚嘆號就是了！

有一回，先生送我去排戲，順便現場觀摩一番。那時，演《坐宮》的鐵鏡公主是個乾旦，從臺上演到臺下，追著演楊四郎的坤生喊：「駙馬！駙馬！咱家碰了頭啦！您快給瞧瞧！」一串串嬌脆的京白，出自一個大男人嘴裡，看得我先生瞠目結舌。

演《霸王別姬》的虞姬，嬌滴滴的一聲：「大王醒來！」後臺的項羽沒有反應，她又叫了一聲：「大王醒來！」後臺還是沒動靜，於是她氣呼呼地跑到下場門，把項羽一把拖出來說：「主任！你注意力要集中一點嘛！這是最後一次的響排啦！」項羽立刻打躬作揖，陪著笑臉擺出架勢。她又嬌滴滴叫著：「大王醒來！」表情陡然一轉，又變為嬌態可掬，這一幕變臉如翻書的場景，讓先生津津樂道。

演出的成功與否，往往不是最重要的，選角色與排練過程中的點點滴滴，反而讓人難以忘懷。

我記憶中的一幕，是出現在演《捉放曹》的後臺，我花了三個月學習身段，臨上臺了，居然有一個豬的角色，無人肯演。兒子臨危受命，承擔了這個「與媽咪同臺演出」的角色。演豬沒有臺詞、沒有動作，只要罩上黑色袍子，趴在靠近下場門的地方，感覺被殺了一刀之後，就地身亡，悄悄溜回後臺，兒子的任務就完成了。後臺的叔叔、阿姨們都很感動，稱他是全場學歷最高、最有學問的豬。他的女友也頗以他為榮，謝幕時豬不方便出場接受獻花，女友就跑到後臺來獻了一枝花，聊表寸心，最後嫁給了這頭「碩士豬」！

在臺北票戲比美國便宜很多，觀眾水平也高出許多，於是每到國慶大典前後，會有美國票友回臺演出。他們都是資深的老票友，拜過名師指導唱腔身段，舉手投足當然不同凡響，卻因為嗜好相同，與我像哥兒們一樣的契合，讓我有著水乳交融的感受。他們在臺上演得盡興，我在臺下一樣酣暢淋漓，彷彿跟他們是一體的。不知不覺中，較量的心態淡化了，登臺獻藝只是為了亮一亮好嗓子，顯一顯好身段，模擬一下英雄豪傑的心境，這就單純多了啊！

師父曾經語出驚人地說：「佛法大興是一個陷阱！」因為佛法能否大興，是因緣的問題，與修行無關！師父就是掉進這個陷阱裡好一陣子，剛爬出來就告訴我們說：「揹著佛法大興的包袱，是非常辛苦的，現在放下包袱，感覺輕鬆自在多了。」

師父的一番話提醒了我，「酣暢淋漓的演出」會不會也是一個陷阱啊？讓我揹著這個包袱，既興奮又辛苦！如今與臺上的哥兒們打成一片，彷彿繞過了這個陷阱、卸下了這個包袱，藉著別人的演出過程，體會我自己的酣暢淋漓；恍惚中已經找不到那份登臺較勁的渴望了。

那一股渴望對我來說，曾經是如此的刻骨銘心！記得有一回，我的三老婆想演《梅妃》，邀請我配演唐明皇，只要分攤一萬塊錢的演出費。我當時說了句：「讓我想一想，晚上給妳回話。」剛放下電話我就後悔了，後悔沒有當場答應下來，因為感覺整個靈魂都為之雀躍不已。我盼著太陽快些下山，盼著夜幕快些降臨，才好回她的話。唉！還沒真的演唐明皇呢，唐明皇的派頭已然浮現，一心要在我的妃子面前展現深思熟慮的風範，而非毛毛躁躁、喜形於色的凡夫俗子。

當這一份渴望銷聲匿跡時，啊！我也體會到師父所說的輕鬆自在了。

聚散皆因緣，在我們的劇團裡體會尤其深刻。盧大哥剛從美國回來，把事業交給兒子們去經營，一心要在臺北定居，隨著我們一塊兒票戲。感覺他言猶在耳，與我握手告別時，寬厚手掌的餘溫猶在，誰知兩個禮拜後，聽說他夜裡起身跌了一跤，就再也無緣相見了。陳大叔經常來給大夥兒拉二胡，過年封箱時還談笑風生，年後開鑼時就聽說心肌梗塞走掉了。大夥兒只當他們是不喜歡演這一齣，先下臺一鞠躬，要換另一齣戲來演。所以，即便有著「怎麼走了？還真是走了！」的訝異之聲，餘音震盪不已，但沒有哀傷悲痛的氣氛，這也是戲如人生的深層體會啊！

其實每個人的人生，在別人眼中都是一齣戲，親朋好友間的互動，有時萬般親密，有時疏疏離離，大抵也出不了這個劇團。我的這一齣已經演到後半場了，自認為有滋有味、有汗水也有掌聲；該揮灑自如的地方，毫不保留地任運而作，該寧靜自持的場所，也能保持「一默如雷」的智慧。最終如何翩然而去，留給觀眾一個美好的、瀟灑的背影，讓我煞費琢磨。

凝神遠眺，暮色中的中正紀念堂，戲劇廳與音樂廳的燈光瞬間亮起，別有一種粲然的、優雅的氛圍，震懾住那匆匆來去的過客。我也靈光一閃，原來暮色蒼茫處，仍然好戲連臺，但要換一個角度、拉遠了距離觀賞，橫豎都是個圓滿的大結局！

LOVE 048

謝謝，讓我照顧你：從陪病相守、生離死別中，學會放下與轉念

作　者—梁玉明
主　編—尹蘊雯
責任編輯—王瓊苹
責任企劃—吳美瑤
封面設計—Ancy Pi
排　版—邵麗如

編輯總監—蘇清霖
董事長—趙政岷
出版者—時報文化出版企業股份有限公司
一〇八〇一九臺北市和平西路三段二四〇號三樓
發行專線—（〇二）二三〇六六八四二
讀者服務專線—〇八〇〇二三一七〇五・（〇二）二三〇四七一〇三
讀者服務傳真—（〇二）二三〇四六八五八
郵撥—一九三四四七二四　時報文化出版公司
信箱—一〇八九九臺北華江橋郵局第九九信箱
時報悅讀網—http://www.readingtimes.com.tw
電子郵件信箱—newlife@readingtimes.com.tw
時報出版愛讀者—http://www.facebook.com/readingtimes.2
法律顧問—理律法律事務所　陳長文律師、李念祖律師
印　刷—紘億印刷有限公司
初版一刷—二〇二三年四月十四日
定　價—新臺幣三五〇元
（缺頁或破損的書，請寄回更換）

時報文化出版公司成立於一九七五年，
並於一九九九年股票上櫃公開發行，於二〇〇八年脫離中時集團非屬旺中，
以「尊重智慧與創意的文化事業」為信念。

謝謝，讓我照顧你：從陪病相守、生離死別中,學會放下與轉念/
梁玉明著. -- 初版. -- 臺北市：時報文化出版企業股份有限公司,
2023.04
256面；14.8*21公分
ISBN 978-626-353-640-1（平裝）

224.517　　112003614

ISBN 978-626-353-640-1
Printed in Taiwan